EVANGELISMO PERSONAL

COMPARTIR TU FE EN JESUCRISTO

DR. GREG WOOD

EVANGELISMO PERSONAL
Por
Dr. Greg Wood

"Id por todo el mundo y predicad el evangelio a toda criatura."
Marcos 16:15

ÍNDICE

Prólogo
    Capítulo 1: El Llamado al Evangelismo
    Capítulo 2: El Mensaje del Evangelio
    Capítulo 3: El Poder y el Rol del Espíritu Santo en el Evangelismo
    Capítulo 4: El Ejemplo de Jesús y la Iglesia Primitiva
    Capítulo 5: Desarrollando un Corazón Ganador de Almas
    Capítulo 6: El Poder del Testimonio Personal
    Capítulo 7: Métodos de Evangelismo
    Capítulo 8: Respondiendo a las Preguntas Difíciles
    Capítulo 9: Evangelizando a Grupos Específicos
    Capítulo 10: Evangelismo y Seguimiento Espiritual
    Capítulo 11: Proyectos Prácticos de Alcance
    Capítulo 12: Avivamiento y la Iglesia Evangelística
    Capítulo 13: Qué Decir al Perdido
    Capítulo 14: El Evangelista y el Espíritu Santo
    Capítulo 15: Recompensas Eternas del Evangelista
    Biografía del Autor – Dr. Greg Wood

© 2025 **Dr. Greg Wood**

Todos los derechos reservados. Ninguna parte de este libro puede ser reproducida, almacenada en un sistema de recuperación o transmitida en ninguna forma ni por ningún medio electrónico, mecánico, fotocopia, grabación u otro sin el permiso previo por escrito del autor o del editor.

Publicado por:

Dr. Greg Wood

Cd. Victoria, Tamaulipas, México

ISBN: 979-8-90148-631-3

Las citas bíblicas son tomadas de la **Santa Biblia, Reina-Valera 1960**, Sociedad Bíblica Trinitaria.

Usadas con permiso. Todos los derechos reservados.

Dedicación

A Jesús, el Evangelista de los evangelistas,
quien dejó las noventa y nueve por mí.
A todos los obreros del Reino que,
con lágrimas y fe,
salen cada día a los campos de la cosecha.
Y especialmente a los creyentes que han entendido
que ganar un alma vale más que ganar el mundo entero.
"El que gana almas es sabio." **Proverbios 11:30**

Agradecimientos

Con profundo agradecimiento a mi Señor y Salvador Jesucristo,
fuente de toda gracia y poder.

A Su Espíritu Santo, quien inspira, guía y confirma cada palabra de este libro.

A mi familia, por su amor y paciencia en cada etapa de este llamado.

A mis hermanos y colaboradores en el ministerio,
quienes día tras día oran, siembran y sirven con fidelidad para extender el Reino de Dios.

A todos los pastores, evangelistas y líderes de iglesias que creen en la Gran Comisión
y la cumplen con pasión y obediencia.

Y a ti, lector amado,
por abrir tu corazón a este mensaje.

Que el fuego de Dios encienda tu vida y te impulse a alcanzar multitudes para Cristo.

Con amor y gratitud,

Dr. Greg Wood

Prólogo

Vivimos tiempos de urgencia espiritual.

El mundo está hambriento de verdad, pero sediento de amor.

En medio de la oscuridad creciente, Dios sigue levantando voces de hombres y mujeres dispuestos a decir: *"Sí, Señor, úsame."*

Este libro no fue escrito para llenar una biblioteca, sino para **encender corazones.**

Cada capítulo fue inspirado en la Palabra, la oración y la experiencia real del campo misionero.

Evangelismo Personal es más que un manual; es una llama.

Una invitación a volver a lo esencial del Evangelio:

amar, servir y predicar a Cristo con poder del Espíritu Santo.

Mi deseo es que cada lector se convierta en un testigo efectivo de Jesús,

no solo con palabras, sino con una vida que brille en todo lugar.

"Y me seréis testigos… hasta lo último de la tierra." **Hechos 1:8**

Con fe y esperanza,

Dr. Greg Wood
Tamaulipas, México
2025

Capítulo 1: El Llamado al Evangelismo

"Id por todo el mundo y predicad el evangelio a toda criatura."
<u>Marcos 16:15</u>

1.1 Comprendiendo el Llamado

El latido más profundo del cristianismo es el evangelismo.

En el centro del plan de Dios está Su deseo de que *todos* los hombres sean salvos y vengan al conocimiento de la verdad (1 Timoteo 2:4).

Evangelizar no es una opción reservada a unos pocos; es un **mandato divino** para todos los redimidos.

Cuando Jesús dijo *"Id"*, hablaba no solo a Sus discípulos del primer siglo, sino a cada creyente a lo largo de las generaciones.

La palabra *evangelio* proviene del griego *euangelion*, que significa *buenas noticias*.

Estas buenas noticias son que Jesucristo murió por nuestros pecados, fue sepultado y resucitó al tercer día (1 Corintios 15:3-4).

Evangelizar es, entonces, proclamar con gozo la victoria de Cristo y ofrecer esperanza a los perdidos.

1.2 La Gran Comisión

Después de Su resurrección, Jesús entregó a Sus seguidores el mandato más grande:

"Toda potestad me es dada en el cielo y en la tierra. Por tanto, id, y haced discípulos a todas las naciones, bautizándolos en el nombre del Padre, y del Hijo, y del Espíritu Santo; enseñándoles que guarden todas las cosas que os he mandado..."
<u>Mateo 28:18-20</u>

La Comisión tiene tres dimensiones:

1. **Ir** - salir de la zona de comodidad hacia el campo de cosecha.
2. **Enseñar** - anunciar el mensaje de salvación y los principios del Reino.
3. **Discipular** - formar creyentes maduros que a su vez

reproduzcan su fe.

Evangelismo sin discipulado es como un nacimiento sin cuidado.

El mandato de Cristo no termina en el altar, sino que continúa hasta ver vidas transformadas.

1.3 El Corazón de Dios por los Perdidos

"Porque el Hijo del Hombre vino a buscar y a salvar lo que se había perdido."
Lucas 19:10

Evangelizar es reflejar la compasión de Dios.

Las parábolas de la oveja perdida, la moneda perdida y el hijo pródigo (Lucas 15) muestran a un Padre que *busca* hasta encontrar.

Cada vez que compartes el Evangelio, te unes a la búsqueda divina del corazón humano.

No se trata solo de transmitir información, sino de manifestar el amor de un Dios que sigue llamando: *"Ven a casa."*

1.4 Por Qué el Evangelismo Importa Hoy

Vivimos en tiempos de confusión moral, oscuridad espiritual y desesperanza global.

La gente busca identidad, propósito y paz; cosas que solo Cristo puede dar.

"¿Y cómo oirán sin haber quien les predique?" **Romanos 10:14**

Si no hablamos nosotros, ¿quién lo hará?

Evangelizar no es llenar templos, sino **rescatar almas** y restaurar vidas.

Cada conversación guiada por el Espíritu puede cambiar un destino eterno.

1.5 La Responsabilidad de Todo Creyente

"Así que, somos embajadores en nombre de Cristo..." **2 Corintios 5:20**

El evangelismo no es tarea exclusiva de pastores o misioneros; es el deber de cada creyente.

Como embajadores, representamos al cielo en la tierra.

Nuestro testimonio, tanto en palabra como en conducta, comunica el mensaje de salvación.

Cuando el mundo ve a Cristo en nosotros, se despierta el deseo de conocer al Salvador.

El evangelismo empieza con una **vida que refleja el Evangelio.**

1.6 Obstáculos Comunes para Evangelizar

Muchos creyentes callan por temor, inseguridad o desinterés.

Sin embargo, los primeros discípulos eran personas comunes que dependían del poder del Espíritu Santo.

Entre los obstáculos más frecuentes se encuentran:

- **Temor al rechazo:** recuerda que no te rechazan a ti, sino al mensaje.
- **Falta de conocimiento:** la fe crece al oír la Palabra; estudia la Biblia.
- **Apatía espiritual:** el fuego del evangelismo nace en la oración.
- **Prioridades equivocadas:** la mies es mucha, pero los obreros pocos (Mateo 9:37-38).

El valor, la convicción y la compasión se desarrollan en la presencia de Dios.

1.7 La Promesa de Poder

Antes de ascender, Jesús dio a Sus seguidores esta promesa:

"Pero recibiréis poder, cuando haya venido sobre vosotros el Espíritu Santo, y me seréis testigos..." **Hechos 1:8**

Ese poder no es habilidad humana sino **unción divina.**

El Espíritu Santo nos capacita para hablar con denuedo, manifestar milagros y testificar con autoridad.

Sin Él, el evangelismo es esfuerzo humano; con Él, es impacto eterno.

Cada evangelista necesita el bautismo del Espíritu para llevar fruto permanente.

1.8 Reflexión y Aplicación

1. ¿Qué significa personalmente para ti la Gran Comisión?
2. ¿Cómo puedes vencer el temor o la timidez al compartir tu fe?
3. Identifica a una persona por la cual orar esta semana.
4. Pide al Espíritu Santo que te llene de compasión y de valor.

Pasajes para Memorizar

- Mateo 28:18-20
- Marcos 16:15
- Romanos 1:16
- Hechos 1:8
- 2 Corintios 5:20

Resumen

El evangelismo es mandato, privilegio y expresión del amor de Dios.

Obedecerlo nos hace colaboradores en Su misión eterna de redención.

"El Evangelio solo es buenas noticias si llega a tiempo." Carl F. H. Henry

Que este llamado arda en tu corazón y te impulse a proclamar el mensaje de salvación dondequiera que vayas.

Capítulo 2: El Mensaje del Evangelio

"Porque no me avergüenzo del evangelio, porque es poder de Dios para salvación a todo aquel que cree." **Romanos 1:16**

2.1 Introducción: El Evangelio - Las Buenas Noticias de Dios

El evangelio no es solo una doctrina que se enseña, sino un **mensaje vivo** que transforma.

La palabra *evangelio* significa literalmente *"buenas noticias"*, y esas noticias anuncian que el hombre puede ser reconciliado con Dios por medio de Jesucristo.

El mensaje cristiano no es de condenación, sino de esperanza; no es de religión, sino de relación.

Cada vez que compartimos el evangelio, ofrecemos al ser humano la posibilidad de nacer de nuevo y comenzar una nueva vida en Cristo.

"De modo que si alguno está en Cristo, nueva criatura es; las cosas viejas pasaron; he aquí todas son hechas nuevas." **2 Corintios 5:17**

2.2 El Mensaje Central del Evangelio

El núcleo del evangelio puede resumirse en cuatro verdades eternas:

- **Dios ama al mundo.**

"Porque de tal manera amó Dios al mundo, que ha dado a su Hijo unigénito." **Juan 3:16**

Dios no está contra la humanidad; está en misión de rescatarla.

- **El pecado separa al hombre de Dios.**

"Por cuanto todos pecaron, y están destituidos de la gloria de Dios." **Romanos 3:23**

La raíz de todos los males es la separación espiritual causada por el pecado.

- **Jesucristo pagó el precio.**

"Mas Dios muestra su amor para con nosotros, en que siendo aún pecadores, Cristo murió por nosotros." **Romanos 5:8**

La cruz es la evidencia del amor de Dios y la base de nuestra redención.

- **La salvación es por fe, no por obras.**

"Porque por gracia sois salvos por medio de la fe... no por obras." **Efesios 2:8-9**

No podemos ganarnos la salvación; solo recibirla como regalo.

Estas cuatro verdades deben estar presentes, explícita o implícitamente, en todo mensaje evangelístico.

2.3 El Evangelio Completo: Muerte, Sepultura y Resurrección

El apóstol Pablo definió el evangelio en tres actos poderosos:

"Que Cristo murió por nuestros pecados conforme a las Escrituras; y que fue sepultado, y que resucitó al tercer día conforme a las Escrituras." **1 Corintios 15:3-4**

- **La muerte de Cristo** satisface la justicia divina.
- **Su sepultura** demuestra que realmente murió.
- **Su resurrección** garantiza vida eterna para los que creen.

La cruz sin resurrección sería derrota; la resurrección sin cruz carecería de propósito.

El evangelio es la combinación gloriosa de ambos: **el poder del amor que vence la muerte.**

2.4 El Evangelio Revela el Corazón de Dios

El mensaje no solo describe lo que Jesús hizo, sino **quién es Dios**.

Cada vez que se predica el evangelio, se revela Su carácter: amor, justicia, misericordia y fidelidad.

"Porque de tal manera amó Dios...." **Juan 3:16**

El evangelio muestra que Dios no abandona, no cambia y no miente.

Él no busca destruir al pecador, sino restaurarlo.

Por eso, el mensaje debe proclamarse con ternura y autoridad al mismo tiempo.

2.5 El Evangelio y la Condición Humana

Antes de que alguien aprecie las buenas noticias, debe entender las malas:

el hombre está perdido sin Cristo.

El pecado ha traído:

- **Culpa** (ante Dios),
- **Corrupción** (en la naturaleza humana),
- **Consecuencia** (separación espiritual).

"Porque la paga del pecado es muerte, mas la dádiva de Dios es vida eterna en Cristo Jesús Señor nuestro." **Romanos 6:23**

El evangelio es la respuesta de Dios al problema más profundo del hombre: su alejamiento de Dios

2.6 El Evangelio del Reino

Jesús predicó *"el evangelio del reino de Dios"* (Marcos 1:14-15).

Esto significa que el mensaje no es solo acerca de *salir del infierno*, sino de **entrar al Reino**, un estilo de vida bajo el señorío de Cristo.

El evangelio del Reino implica:

- Transformación del corazón.
- Obediencia a la voluntad de Dios.
- Manifestación del poder del Espíritu Santo en la tierra.

Predicar el evangelio es anunciar la soberanía de Dios y Su gracia disponible hoy.

2.7 El Evangelio es Universal

"Id por todo el mundo y predicad el evangelio a toda criatura." **Marcos 16:15**

El mensaje no tiene fronteras, culturas ni razas.

Dios ama a todas las personas por igual.

La Iglesia tiene la responsabilidad de llevar el evangelio a los lugares donde aún no ha sido oído.

El evangelismo personal es la herramienta más efectiva para cumplir esa misión global, comenzando con nuestro entorno inmediato.

2.8 El Evangelio Tiene Poder

"Porque el reino de Dios no consiste en palabras, sino en poder." **1 Corintios 4:20**

El evangelio no solo informa; **transforma.**

Cuando se predica con fe y unción, el Espíritu Santo confirma la palabra con señales, milagros y vidas cambiadas.

Cada vez que testificamos, el mismo poder que resucitó a Cristo actúa a través de nosotros.

2.9 Cómo Presentar el Evangelio Claramente

1. **Sé sencillo.** Usa palabras que cualquier persona pueda entender.
2. **Sé bíblico.** La Palabra de Dios tiene autoridad eterna.
3. **Sé personal.** Habla de lo que Cristo ha hecho en tu vida.
4. **Sé guiado por el Espíritu.** Escucha Su dirección; Él conoce el corazón del oyente.
5. **Sé amoroso.** La verdad sin amor hiere; el amor sin verdad engaña.

La claridad y el amor abren puertas donde la argumentación no puede.

2.10 Resumen del Mensaje del Evangelio

- Dios ama a todos.

- El pecado separa.
- Cristo salva.
- La fe recibe.
- El Espíritu transforma.
- La Iglesia proclama.

Cada creyente es portador de estas buenas noticias.

El evangelio no pierde su poder con el tiempo; sigue siendo la respuesta que el mundo necesita hoy.

Reflexión y Aplicación

1. Escribe en tus propias palabras cómo explicarías el evangelio a alguien que nunca ha ido a la iglesia.
2. ¿Por qué es importante incluir la resurrección cuando compartes el mensaje?
3. ¿Qué aspectos del carácter de Dios revela el evangelio?
4. Ora para que el Espíritu Santo te use para presentar el evangelio con claridad y amor.

Pasajes para Memorizar

- Romanos 1:16
- Juan 3:16
- 1 Corintios 15:3-4
- Efesios 2:8-9
- Romanos 6:23

Resumen

El mensaje del evangelio es la revelación del amor de Dios y el poder de Su gracia.

No hay noticia más grande ni verdad más urgente.

Cada palabra del evangelio lleva vida, perdón y poder transformador.

Predicarlo es el mayor privilegio del creyente y el mandato más alto del cielo.

"Y este evangelio del reino será predicado en todo el mundo, para testimonio a todas las naciones; y entonces vendrá el fin." **Mateo 24:14**

Capítulo 3: El Poder y el Rol del Espíritu Santo en el Evangelismo

"Pero recibiréis poder, cuando haya venido sobre vosotros el Espíritu Santo, y me seréis testigos..." **Hechos 1:8**

3.1 Introducción: El Espíritu Santo - El Poder Detrás del Mensaje

El evangelismo sin el Espíritu Santo es solo esfuerzo humano.

Pero cuando el Espíritu toma el control, las palabras más simples se convierten en **fuego vivo** que toca el corazón.

Jesús no envió a Sus discípulos a predicar inmediatamente después de Su resurrección; les dijo que **esperaran** hasta recibir poder del cielo (Lucas 24:49).

Sin el Espíritu, el creyente tiene el mensaje; con el Espíritu, tiene **el poder** para proclamarlo con autoridad.

"No con ejército, ni con fuerza, sino con mi Espíritu, ha dicho Jehová de los ejércitos." **Zacarías 4:6**

3.2 El Espíritu Santo y la Gran Comisión

Cada parte de la Gran Comisión depende de la obra del Espíritu Santo:

- **Convicción del pecado.**

"Y cuando él venga, convencerá al mundo de pecado, de justicia y de juicio." **Juan 16:8**

No podemos convencer a nadie; solo el Espíritu abre los ojos del corazón.

- **Iluminación del Evangelio.**

"El dios de este siglo cegó el entendimiento de los incrédulos... para que no les resplandezca la luz del evangelio." **2 Corintios 4:4**

El Espíritu disipa la oscuridad espiritual y revela la verdad de Cristo.

- **Regeneración del creyente.**

"Lo que es nacido del Espíritu, espíritu es." **Juan 3:6**
Solo el Espíritu puede producir el nuevo nacimiento.

- **Poder para testificar.**

"Recibiréis poder..." **Hechos 1:8**
El Espíritu da valentía, sabiduría y unción para hablar.
Cada conversión es un milagro del Espíritu Santo obrando a través de un creyente obediente.

3.3 El Espíritu Santo en el Ministerio de Jesús

Jesús mismo dependió completamente del Espíritu Santo durante Su ministerio terrenal:

- **Fue concebido por el Espíritu.** (Lucas 1:35)
- **Ungido por el Espíritu.** (Lucas 4:18)
- **Guiado por el Espíritu.** (Lucas 4:1)
- **Empoderado para hacer milagros.** (Hechos 10:38)
- **Resucitado por el Espíritu.** (Romanos 8:11)

Si el Hijo de Dios necesitó la unción del Espíritu para cumplir Su misión, ¡cuánto más nosotros para cumplir la nuestra!

3.4 El Bautismo del Espíritu Santo y el Testimonio

Jesús prometió que el Espíritu Santo nos daría poder, no solo para tener experiencias espirituales, sino para **ser testigos**.

"Y me seréis testigos en Jerusalén, en toda Judea, en Samaria, y hasta lo último de la tierra." **Hechos 1:8**

El propósito principal del bautismo del Espíritu es **dar poder para evangelizar.**

El creyente lleno del Espíritu habla con valentía, ora con autoridad y actúa con amor.

Su testimonio lleva la marca del cielo.

3.5 El Espíritu Santo y la Convicción del Corazón

La conversión no ocurre por persuasión humana, sino por **convicción divina.**

El Espíritu toca las emociones, confronta la conciencia y transforma la voluntad del pecador.

Él revela no solo el pecado, sino también la esperanza del perdón.

"Nadie puede llamar a Jesús Señor, sino por el Espíritu Santo." **1 Corintios 12:3**

Evangelismo eficaz ocurre cuando nuestras palabras cooperan con la obra invisible del Espíritu en el corazón.

3.6 El Espíritu Santo y el Poder Sobrenatural

Donde el evangelio se predica con poder, el Espíritu confirma el mensaje con señales.

"Y ellos, saliendo, predicaron en todas partes, ayudándoles el Señor y confirmando la palabra con las señales que la seguían." **Marcos 16:20**

El Espíritu Santo:

- Da **palabra de sabiduría** y **discernimiento** en la conversación.
- Opera **sanidades** y **milagros** para atraer a los incrédulos.
- Imparte **gozo** y **libertad** donde antes había temor y condena.

Evangelismo sin poder es información; evangelismo con el Espíritu es **transformación.**

3.7 El Espíritu Santo y la Guía Personal

"Porque todos los que son guiados por el Espíritu de Dios, éstos son hijos de Dios." **Romanos 8:14**

El Espíritu dirige a los creyentes hacia las personas preparadas para recibir el mensaje.

Él organiza encuentros divinos que ningún plan humano podría producir.

Ejemplo bíblico:

Felipe fue guiado por el Espíritu al desierto para encontrar al eunuco etíope (Hechos 8:26-29).

Un solo encuentro, dirigido por el Espíritu, llevó el evangelio a otra nación.

Aprende a decir: "Espíritu Santo, muéstrame a quién hablar hoy."

3.8 Fruto del Espíritu y Testimonio

El poder del Espíritu no se demuestra solo con milagros, sino también con carácter.

"Mas el fruto del Espíritu es amor, gozo, paz, paciencia, benignidad, bondad, fe, mansedumbre, templanza." — **Gálatas 5:22-23**

Cuando el inconverso ve el fruto del Espíritu en ti, ve el reflejo del mismo Cristo.

El testimonio más convincente es una vida llena del Espíritu.

El evangelista debe vivir lo que predica; el fruto abre el camino para que el mensaje sea creído.

3.9 El Espíritu Santo y la Unidad del Cuerpo

"Solícitos en guardar la unidad del Espíritu en el vínculo de la paz." **Efesios 4:3**

La unidad entre los creyentes es una de las mayores señales del poder del Espíritu.

Una iglesia unida evangeliza con mayor eficacia que mil predicadores individuales.

El Espíritu no solo da poder, sino también **armonía**;

y donde hay unidad, el mundo ve a Cristo reflejado.

3.10 Cómo Depender del Espíritu Santo en el Evangelismo

1. **Ora antes de hablar.** Pide dirección y sabiduría.
2. **Escucha Su voz.** A veces Él te dirá cuándo hablar y cuándo guardar silencio.
3. **Sé sensible.** El Espíritu te mostrará la necesidad específica de cada persona.
4. **Cede el control.** No impongas tus planes; sigue Su guía.
5. **Confía en Su poder.** Él hará lo que tú no puedes hacer.

El secreto del evangelismo victorioso no está en el método, sino en la **dependencia del Espíritu Santo.**

3.11 Reflexión y Aplicación

1. ¿Por qué Jesús mandó a esperar la promesa del Espíritu antes de predicar?
2. Describe una ocasión en la que sentiste la guía del Espíritu Santo al testificar.
3. ¿Qué relación existe entre el fruto y los dones del Espíritu?
4. Ora para ser renovado con el poder del Espíritu Santo cada día.

Pasajes para Memorizar

- Hechos 1:8
- Juan 16:8
- Zacarías 4:6
- Romanos 8:14
- Gálatas 5:22-23

Resumen

El Espíritu Santo es el alma del evangelismo.
Sin Su presencia, la iglesia habla; con Su poder, el mundo escucha.
Él convence, ilumina, transforma y capacita.

Todo verdadero movimiento evangelístico en la historia ha nacido del fuego del Espíritu.

"Y fueron todos llenos del Espíritu Santo, y hablaban con denuedo la palabra de Dios." **Hechos 4:31**

Capítulo 4: El Ejemplo de Jesús y la Iglesia Primitiva

"Como me envió el Padre, así también yo os envío." **Juan 20:21**

4.1 Introducción: Cristo, el Evangelista Perfecto

El modelo supremo de evangelismo no es una estrategia moderna, sino **una Persona**; Jesucristo.

Él no solo predicó el evangelio; *Él mismo* era el evangelio encarnado.

Cada palabra que pronunció, cada milagro que realizó y cada encuentro que tuvo revelaron el corazón del Padre por los perdidos.

"Porque el Hijo del Hombre vino a buscar y a salvar lo que se había perdido." **Lucas 19:10**

Jesús no se limitó a los templos; caminó entre la gente, tocó a los intocables y amó a los rechazados.

Su ministerio es el patrón para todos los que anuncian las buenas nuevas.

4.2 Jesús: El Mensajero y el Mensaje

Jesús no vino solamente con un mensaje; **Él era el mensaje.**

Su vida demostraba lo que proclamaba: el amor, la gracia y el poder del Reino de Dios.

"El Espíritu del Señor está sobre mí, por cuanto me ha ungido para dar buenas nuevas a los pobres." **Lucas 4:18**

El evangelismo de Jesús fue integral:

- Proclamaba el Reino.
- Sanaba a los enfermos.
- Liberaba a los cautivos.
- Perdonaba a los pecadores.
- Restauraba la dignidad humana.

Él predicaba con palabras y con hechos.

Su vida fue el sermón más poderoso jamás predicado.

4.3 El Estilo Evangelístico de Jesús

Jesús usó múltiples métodos para alcanzar a diferentes personas:

1. **Conversaciones personales.**
   - Con Nicodemo (Juan 3): un diálogo teológico con un líder religioso.
   - Con la mujer samaritana (Juan 4): una conversación cargada de gracia y verdad.
2. **Predicación pública.**
   - En los montes, las sinagogas y las calles.
   - Sus mensajes combinaban profundidad y sencillez.
3. **Milagros y compasión.**
   - Cada milagro apuntaba al amor de Dios.
   - Jesús sanaba cuerpos para salvar almas.
4. **Historias y parábolas.**
   - Narraciones que comunicaban verdades eternas con ejemplos cotidianos.

Jesús sabía cómo llegar al corazón de cada persona, sin importar su nivel social o espiritual.

4.4 Las Características del Evangelismo de Jesús

A. Amor Incondicional

Jesús no seleccionaba a quién amar.

Tocó a los leprosos, comió con pecadores y lloró por Jerusalén.

Su amor fue la llave que abrió los corazones.

B. Compasión por los Perdidos

"Y al ver las multitudes, tuvo compasión de ellas; porque estaban desamparadas y dispersas como ovejas que no tienen pastor." **Mateo 9:36**

La compasión movió Su ministerio más que la estrategia.

Donde otros veían problemas, Jesús veía personas.

C. Dependencia del Padre

Jesús no hizo nada por iniciativa propia.

"No puede el Hijo hacer nada por sí mismo, sino lo que ve hacer al Padre." **Juan 5:19**

La oración era el secreto de Su poder.

D. Claridad y Verdad

Jesús nunca diluyó el mensaje.

Llamó al pecado por su nombre, pero siempre ofreció gracia.

E. Poder del Espíritu Santo

Su ministerio fue sobrenatural desde el principio.

"Jesús volvió en el poder del Espíritu a Galilea..." **Lucas 4:14**

El evangelismo eficaz aún depende del mismo Espíritu.

4.5 Los Resultados del Ministerio de Jesús

Dondequiera que Jesús iba:

- Los enfermos eran sanados.
- Los endemoniados eran liberados.
- Los pecadores eran perdonados.
- Los desesperanzados recibían vida.

El fruto de Su ministerio fue transformación.

El verdadero evangelismo no produce solo decisiones, sino **conversiones genuinas.**

4.6 La Continuidad en la Iglesia Primitiva

Después de la ascensión de Cristo, el Espíritu Santo capacitó a los discípulos para continuar Su obra.

El libro de los Hechos es el relato del **Cristo resucitado obrando a través de Su Iglesia.**

"Y perseveraban en la doctrina de los apóstoles, en la comunión unos con otros, en el partimiento del pan y en las oraciones." **Hechos 2:42**

La misma pasión, poder y presencia que caracterizaron a Jesús se manifestaron ahora en Sus seguidores.

4.7 Las Características del Evangelismo de la Iglesia Primitiva

1. **Dependencia total del Espíritu Santo.**

No tenían recursos ni tecnología, pero tenían poder.
2. **Predicación centrada en Cristo.**
Todo mensaje apuntaba a la muerte y resurrección de Jesús.
3. **Valor ante la persecución.**
Los primeros cristianos no buscaban comodidad, sino obediencia.

"Y fueron todos llenos del Espíritu Santo, y hablaban con denuedo la palabra de Dios." **Hechos 4:31**

1. **Unidad y amor fraternal.**
La comunidad de fe era su mayor testimonio (Hechos 2:44-47).
2. **Discipulado continuo.**
No solo ganaban almas, sino que formaban creyentes maduros.
3. **Milagros y señales.**
La manifestación del poder de Dios acompañaba su predicación.

4.8 El Método Apostólico de Evangelismo

El apóstol Pablo modeló un evangelismo intelectual, cultural y espiritual a la vez.

"Me he hecho a los judíos como judío, para ganar a los judíos... a todos me he hecho de todo, para que de todos modos salve a algunos." **1 Corintios 9:20-22**

Su estrategia incluía:

- Predicar en sinagogas y plazas.
- Establecer iglesias en cada ciudad alcanzada.
- Entrenar líderes locales para continuar la obra.

El resultado fue una red misionera que transformó el mundo conocido en una generación.

4.9 Lecciones Prácticas del Ejemplo de Jesús y la Iglesia Primitiva

1. El amor abre puertas donde la religión las cierra.
2. El poder del Espíritu confirma el mensaje.
3. La oración precede a cada cosecha.
4. La unidad fortalece el testimonio.
5. El discipulado asegura la permanencia del fruto.

El mismo Dios que obró en la iglesia del primer siglo quiere obrar hoy a través de nosotros.

4.10 Reflexión y Aplicación

1. ¿Qué características del evangelismo de Jesús deseas imitar?
2. ¿Qué enseñanza del libro de Hechos te inspira más a evangelizar?
3. ¿Qué barreras culturales o religiosas necesitas romper para alcanzar a otros?
4. Ora para que el mismo Espíritu que obró en Jesús y en la iglesia primitiva obre también en ti.

Pasajes para Memorizar

- Lucas 4:18
- Juan 20:21
- Mateo 9:36
- Hechos 1:8
- Hechos 4:31

Resumen

Jesús es el modelo perfecto del evangelista: lleno de amor, guiado por el Espíritu, y movido por la compasión.

Su ejemplo fue continuado por una iglesia poderosa, unida y valiente.

La misión no ha cambiado: el mismo Espíritu, el mismo mensaje, y el mismo propósito permanecen.

Nuestra generación debe ser la continuación viva del libro de los Hechos.

"Y el Señor añadía cada día a la iglesia los que habían de ser salvos."
Hechos 2:47

Capítulo 5: Desarrollando un Corazón Ganador de Almas

"El que gana almas es sabio." **Proverbios 11:30**

5.1 Introducción: El Corazón Antes que la Boca

Evangelizar no comienza con palabras, sino con un **corazón encendido por el amor de Dios.**

La verdadera motivación para predicar no es el deber, sino la compasión.

"Porque el amor de Cristo nos constriñe." **2 Corintios 5:14**

Un corazón ganador de almas ve a las personas no como problemas, sino como **tesoros eternos.**

Dios no busca mensajeros elocuentes, sino corazones quebrantados que reflejen Su compasión por los perdidos.

5.2 El Corazón de Dios por las Almas

Desde Génesis hasta Apocalipsis, el hilo rojo del amor de Dios recorre toda la Escritura.

El Padre no quiere que nadie perezca, sino que todos procedan al arrepentimiento (2 Pedro 3:9).

"Porque de tal manera amó Dios al mundo, que ha dado a su Hijo unigénito." **Juan 3:16**

El corazón de Dios late por cada alma.

Cada lágrima, cada oración, cada sacrificio de Jesús tuvo un solo propósito: **salvar al hombre.**

Cuando nuestro corazón se alinea con el Suyo, el evangelismo deja de ser una tarea y se convierte en una pasión.

5.3 Jesús, el Modelo de Compasión

Jesús no solo predicó sobre el amor; Él **amó** con hechos.

Lloró sobre Jerusalén (Lucas 19:41), tocó a los leprosos (Marcos 1:41), y alimentó a los hambrientos (Mateo 14:19).

"Y al ver las multitudes, tuvo compasión de ellas; porque estaban desamparadas y dispersas como ovejas que no tienen pastor." **Mateo 9:36**

Cada milagro de Jesús fue impulsado por Su compasión.

Él no veía masas; veía individuos.

Su mirada penetraba más allá de la apariencia, hasta el alma necesitada.

Un corazón ganador de almas ve lo invisible: el dolor detrás de la sonrisa, el vacío detrás del éxito.

5.4 La Carga Espiritual por los Perdidos

En los grandes avivamientos de la historia, los evangelistas no solo predicaban; **gemían** por las almas.

Sentían el peso del cielo por los que estaban lejos de Dios.

"Oh, si mi cabeza se hiciese aguas, y mis ojos fuente de lágrimas, para llorar día y noche por los muertos de la hija de mi pueblo." **Jeremías 9:1**

Un corazón ganador de almas no puede permanecer indiferente.

La carga de intercesión es evidencia de que el Espíritu Santo está obrando dentro de nosotros.

Cuando te duele el destino de los perdidos, estás comenzando a sentir lo que siente Dios.

5.5 La Oración: Cuna del Amor por las Almas

El amor por las almas nace en la presencia de Dios.

Allí el Espíritu Santo nos muestra el valor de una sola vida.

"Pedid, y se os dará; buscad, y hallaréis; llamad, y se os abrirá." **Mateo 7:7**

A medida que oramos, el Señor nos revela nombres, rostros y naciones.

Cada lágrima derramada en oración prepara el terreno del corazón donde la semilla del evangelio dará fruto.

"Los que sembraron con lágrimas, con regocijo segarán." **Salmo 126:5**

No hay cosecha sin lágrimas.

El evangelismo sin oración es activismo; la oración sin evangelismo es incompleta.

5.6 Rompiendo la Indiferencia Espiritual

El mayor enemigo del evangelismo no es el ateísmo, sino la **apatía espiritual** dentro de la iglesia.

Muchos creen, pero pocos sienten la urgencia de actuar.

"¿No decís vosotros: Aún faltan cuatro meses para que llegue la siega? He aquí os digo: Alzad vuestros ojos y mirad los campos, porque ya están blancos para la siega." **Juan 4:35**

La indiferencia se vence recordando la eternidad.

Cada día mueren miles sin Cristo.

Cada minuto cuenta.

La urgencia eterna debe vencer la comodidad temporal.

5.7 Un Corazón Humilde y Obediente

El evangelismo requiere humildad.

No predicamos para impresionar, sino para servir.

"Aprended de mí, que soy manso y humilde de corazón." **Mateo 11:29**

Un corazón ganador de almas no busca reconocimiento, sino redención.

Obedece incluso cuando no ve resultados inmediatos, sabiendo que la siembra espiritual nunca es en vano.

"Así será mi palabra... no volverá a mí vacía." **Isaías 55:11**

5.8 El Fuego del Espíritu en el Corazón del Evangelista

"Y dije: No me acordaré más de él, ni hablaré más en su nombre; no obstante, había en mi corazón como un fuego ardiente metido en mis huesos." **Jeremías 20:9**

El fuego del Espíritu Santo es lo que mantiene viva la pasión por las almas.

Ese fuego se alimenta con oración, adoración y obediencia.

No se trata de emoción humana, sino de **fuego santo** que no puede apagarse.

El evangelista no puede permanecer callado; el mensaje arde demasiado para guardarlo.

5.9 Cualidades de un Corazón Ganador de Almas

1. **Amor:** Sin amor, las palabras suenan vacías.
2. **Compasión:** Ve más allá de la conducta y percibe la necesidad.
3. **Fe:** Cree que nadie está demasiado lejos para ser alcanzado.
4. **Perseverancia:** No se rinde ante el rechazo.
5. **Pureza:** Vive lo que predica; el testimonio respalda el mensaje.
6. **Gratitud:** Predica porque recuerda de dónde Dios lo sacó.

El corazón ganador de almas no se forma en un día; se forja en la presencia de Dios.

5.10 Cómo Desarrollar un Corazón por las Almas

1. **Medita en la cruz.**
   Contempla el amor de Cristo y deja que te quebrante.
2. **Ora diariamente por los perdidos.**
   La intercesión transforma la indiferencia en compasión.
3. **Camina entre la gente.**
   Sal de las paredes del templo y ve al mundo real.
4. **Escucha historias.**
   Conocer el dolor ajeno despierta empatía.
5. **Sirve a los necesitados.**
   El amor en acción ablanda el corazón.
6. **Pide al Espíritu Santo que te dé Su corazón.**
   Solo Él puede impartirte la pasión divina.

5.11 Reflexión y Aplicación

1. ¿Cómo describirías tu carga actual por los perdidos?
2. ¿Qué prácticas espirituales podrían ayudarte a sentir más compasión?
3. ¿Cuáles de las cualidades mencionadas necesitas fortalecer?
4. Ora y pídele al Señor que te dé un corazón semejante al Suyo.

Pasajes para Memorizar

- Proverbios 11:30
- 2 Corintios 5:14
- Mateo 9:36
- Salmo 126:5
- Jeremías 20:9

Resumen

El evangelismo no comienza en la boca, sino en el corazón.

Un corazón frío no puede encender fuego en otros.

Pero cuando el creyente es consumido por el amor de Cristo, su vida se convierte en un mensaje vivo.

El verdadero ganador de almas no predica por obligación, sino porque el fuego del Espíritu arde dentro de él.

Cuando el corazón de Dios se fusiona con el tuyo, las almas perdidas ya no son números, sino nombres.

"Señor, dame Tu corazón por los perdidos."

Capítulo 6: El Poder del Testimonio Personal

"Y ellos le han vencido por medio de la sangre del Cordero y de la palabra del testimonio de ellos." **Apocalipsis 12:11**

6.1 Introducción: Tu Historia Tiene Poder

Cada creyente tiene una historia que vale la pena contar.

El testimonio personal es una de las herramientas más poderosas en el evangelismo, porque muestra que el evangelio **funciona**.

Las personas pueden debatir tus argumentos teológicos, pero **no pueden negar tu transformación.**

Un testimonio auténtico es la evidencia viva del poder de Dios para salvar, sanar y restaurar.

"Antes bien, santificad a Dios el Señor en vuestros corazones, y estad siempre preparados para presentar defensa con mansedumbre y reverencia ante todo el que os demande razón de la esperanza que hay en vosotros." **1 Pedro 3:15**

6.2 El Propósito del Testimonio Personal

El testimonio cumple tres funciones espirituales esenciales:

1. **Glorificar a Dios.**
   Toda historia de redención exalta Su gracia y fidelidad.

"Este pobre clamó, y le oyó Jehová, y lo libró de todas sus angustias." **Salmo 34:6**

1. **Fortalecer la fe del creyente.**
   Recordar lo que Dios ha hecho aviva la gratitud y la fe.
2. **Convencer al incrédulo.**
   Tu experiencia se convierte en una invitación a creer.

Tu historia no es solo tuya; es un testimonio del amor de Dios hacia todos los hombres.

6.3 El Modelo Bíblico del Testimonio

El apóstol Pablo compartió su testimonio en tres ocasiones distintas (Hechos 22, 24 y 26).

Cada vez lo adaptó al público, pero el mensaje fue el mismo: **Cristo cambia vidas.**

Su testimonio incluía tres partes:

1. **Antes de Cristo** - su vida como perseguidor.
2. **Cómo conoció a Cristo** - su encuentro en el camino a Damasco.
3. **Después de Cristo** - su nueva misión como apóstol.

Este formato sigue siendo una guía práctica para todos los creyentes que desean compartir su historia con claridad y poder.

6.4 Antes de Cristo

Antes de recibir a Jesús, todos estábamos espiritualmente muertos.

"Y él os dio vida a vosotros, cuando estabais muertos en vuestros delitos y pecados." **Efesios 2:1**

Hablar de nuestro pasado no es glorificar el pecado, sino resaltar la grandeza de la gracia.

Describe quién eras, qué te faltaba, o qué buscabas.

Sé honesto, pero no gráfico; el enfoque no es el pecado, sino la redención.

El testimonio eficaz muestra la necesidad del Salvador.

6.5 Cómo Conociste a Cristo

El punto más poderoso de tu historia es **el encuentro personal con Jesús.**

Cuenta cómo comprendiste tu necesidad de Él, cómo llegó el mensaje, y cómo respondiste al llamado.

"He aquí, yo estoy a la puerta y llamo; si alguno oye mi voz y abre la puerta, entraré a él." **Apocalipsis 3:20**

El Espíritu Santo usa ese momento para tocar corazones.

Recuerda: no todos se convierten de la misma forma, pero todos son salvados por el mismo Salvador.

6.6 Después de Conocer a Cristo

Testifica sobre la diferencia que Cristo ha hecho en tu vida: paz, propósito, perdón y poder.

"De modo que si alguno está en Cristo, nueva criatura es; las cosas viejas pasaron; he aquí todas son hechas nuevas." **2 Corintios 5:17**

Habla de los cambios que el Espíritu Santo produjo en ti: tus prioridades, tu carácter, tu esperanza.

El mundo necesita ver creyentes que **reflejen transformación real**.

6.7 Características de un Testimonio Eficaz

1. **Sencillo:** Usa palabras comunes y evita tecnicismos.
2. **Breve:** Resume lo esencial; tres a cinco minutos pueden cambiar una vida.
3. **Cristocéntrico:** El protagonista es Jesús, no tú.
4. **Honesto:** No exageres; la verdad tiene su propio poder.
5. **Relevante:** Enfoca tu historia en lo que puede conectar con quien escucha.
6. **Inspirador:** Transmite esperanza, no condenación.

El Espíritu Santo puede usar incluso una historia sencilla para abrir un corazón endurecido.

6.8 El Testimonio como Puente al Evangelio

Tu testimonio debe conducir a la presentación del evangelio.

No termina en ti, sino en Cristo.

Ejemplo:

"Así como Jesús me perdonó y cambió mi vida, Él también puede hacerlo contigo."

El testimonio es la puerta de entrada; el evangelio es el mensaje central.

El objetivo no es contar tu historia, sino guiar al oyente a **su propia historia de salvación**.

6.9 Testimonios en la Biblia

- **El ciego de nacimiento:** "Una cosa sé, que habiendo yo sido ciego, ahora veo." (*Juan 9:25*)
- **La mujer samaritana:** "Venid, ved a un hombre que me ha dicho todo cuanto he hecho." (*Juan 4:29*)
- **El gadareno liberado:** "Ve a tu casa, a los tuyos, y cuéntales cuán grandes cosas el Señor ha hecho contigo." (*Marcos 5:19*)

Ninguno de ellos predicó un sermón, pero sus palabras impactaron multitudes.

Dios usa testimonios sencillos para producir resultados eternos.

6.10 Cómo Preparar Tu Testimonio

1. **Ora:** Pide al Espíritu Santo dirección y claridad.
2. **Escríbelo:** Divide tu historia en tres partes (antes, cómo, después).
3. **Practícalo:** Cuéntalo en voz alta hasta sentir fluidez.
4. **Personalízalo:** Adáptalo según el tipo de persona o situación.
5. **Hazlo actual:** Añade lo que Dios está haciendo *hoy* en tu vida.

Un testimonio preparado es una herramienta que el Espíritu puede usar en cualquier momento.

6.11 El Testimonio y la Autoridad Espiritual

"Y ellos le han vencido por medio de la sangre del Cordero y de la palabra del testimonio de ellos." **Apocalipsis 12:11**

Tu testimonio no solo convence al hombre, sino que derrota al enemigo.

EVANGELISMO PERSONAL

Cada vez que declaras lo que Dios ha hecho, proclamas victoria sobre el pasado y afirmas tu identidad en Cristo.

Satanás odia los testimonios porque recuerdan que la gracia vence al pecado.

6.12 Testificar con Amor y Sensibilidad

No todos están listos para escuchar la historia completa; sé guiado por el Espíritu.

Jesús sabía cuándo hablar con firmeza y cuándo con ternura.

A veces, una breve frase o una palabra de esperanza basta para encender fe en el corazón.

"Sea vuestra palabra siempre con gracia, sazonada con sal, para que sepáis cómo debéis responder a cada uno." **Colosenses 4:6**

Evangelizar con amor es más eficaz que ganar una discusión.

6.13 Reflexión y Aplicación

1. Escribe tu testimonio en tres partes: antes, cómo conociste a Cristo y después.
2. Compártelo con un amigo o familiar esta semana.
3. Ora para que el Espíritu Santo te dé oportunidades divinas para compartirlo.
4. Reflexiona: ¿Qué parte de tu historia podría inspirar fe en otros?

Pasajes para Memorizar

- Apocalipsis 12:11
- 1 Pedro 3:15
- 2 Corintios 5:17
- Juan 9:25
- Marcos 5:19

Resumen

Tu testimonio personal es una carta viva escrita por el Espíritu Santo.

A través de tus palabras, otros pueden ver la realidad del Cristo resucitado.

Cada encuentro, cada liberación, cada cambio en tu vida puede ser el punto de partida de una nueva conversión.

Nunca subestimes el poder de tu historia;

al contarla, estás extendiendo el Reino de Dios y participando de Su misión eterna.

"Id a vuestra casa, y contad cuán grandes cosas Dios ha hecho con vosotros." **Lucas 8:39**

Capítulo 7: Métodos de Evangelismo

"A los que están fuera, redimid el tiempo. Sea vuestra palabra siempre con gracia, sazonada con sal, para que sepáis cómo debéis responder a cada uno." **Colosenses 4:5-6**

7.1 Introducción: Un Solo Mensaje, Muchos Métodos

El mensaje del evangelio nunca cambia, pero los métodos sí deben adaptarse a las personas, culturas y generaciones.

El mismo Cristo que habló a multitudes también ministró uno a uno.

El evangelismo no es una fórmula; es una **estrategia dinámica guiada por el Espíritu Santo.**

"Me he hecho a los judíos como judío... me he hecho a todos de todo, para que de todos modos salve a algunos." **1 Corintios 9:20-22**

El evangelista sabio combina discernimiento espiritual con sensibilidad cultural.

7.2 Principios Bíblicos para Escoger Métodos

1. **Cristocéntrico:** Todo método debe exaltar a Jesús.
2. **Bíblico:** Debe alinearse con los principios de la Palabra.
3. **Eficaz:** Debe comunicar el mensaje con claridad y poder.
4. **Relevante:** Debe hablar al corazón de la audiencia.
5. **Dependiente del Espíritu Santo:** No es la técnica, sino la unción, lo que produce fruto.

7.3 Evangelismo Personal

El método más antiguo y efectivo es el **testimonio cara a cara.**

Jesús habló individualmente con Nicodemo, con la mujer samaritana y con Zaqueo.

Características:

- Se basa en relaciones genuinas.

- Permite escuchar y responder con empatía.
- Crea oportunidades naturales para compartir el evangelio.

"Y Felipe, abriendo su boca, y comenzando desde esta escritura, le anunció el evangelio de Jesús." **Hechos 8:35**

El evangelismo personal requiere tiempo, amor y discernimiento, pero produce fruto duradero.

7.4 Evangelismo en el Hogar

La casa fue el primer campo misionero del cristianismo.

Los creyentes del primer siglo evangelizaban en sus hogares, invitando a otros a compartir comida, oración y enseñanza.

"Y perseverando unánimes cada día en el templo, y partiendo el pan en las casas..." **Hechos 2:46**

Hoy, los grupos en casas o *células* siguen siendo una herramienta poderosa:

- Son ambientes seguros y acogedores.
- Permiten discipulado cercano.
- Conectan familias enteras con Cristo.

7.5 Evangelismo Público

Jesús predicó en plazas, montes y orillas del mar.

La Iglesia Primitiva predicaba en calles, mercados y sinagogas.

"Y todos los días, en el templo y por las casas, no cesaban de enseñar y predicar a Jesucristo." **Hechos 5:42**

Formas modernas incluyen:

- Campañas evangelísticas.
- Conciertos cristianos.
- Alcances comunitarios (ropa, comida, oración).
- Evangelismo callejero con música o arte.

El evangelismo público requiere preparación espiritual, organización y testimonio visible.

7.6 Evangelismo en Medios y Tecnología

El apóstol Pablo usó cartas; hoy tenemos **redes sociales, radio, televisión y plataformas digitales.**

El evangelismo digital permite:

- Alcanzar miles con un solo mensaje.
- Testificar a través de videos, publicaciones o podcasts.
- Usar la creatividad como herramienta de redención.

"Y será predicado este evangelio del reino en todo el mundo, para testimonio a todas las naciones." **Mateo 24:14**

Cada creyente con un teléfono tiene un púlpito mundial.

La clave es usar la tecnología con sabiduría, pureza y propósito espiritual.

7.7 Evangelismo Relacional

Las relaciones son puentes para la salvación.

Jesús comió con pecadores y habló con amor a los marginados.

El evangelismo relacional consiste en:

- Desarrollar amistad genuina.
- Ganar confianza antes de predicar.
- Servir y amar antes de exhortar.

"Vosotros sois la luz del mundo... así alumbre vuestra luz delante de los hombres." **Mateo 5:14-16**

Tu testimonio cotidiano en el trabajo, la escuela o la comunidad puede ser el mensaje más claro de Cristo.

7.8 Evangelismo Congregacional

Las iglesias locales deben ser **centros de alcance.**

Cada ministerio en la iglesia sea de adoración, niños, jóvenes, adultos, matrimonios etc. - debe tener propósito evangelístico.

Ejemplos prácticos:

- Eventos especiales para invitados.
- Programas sociales con mensaje de salvación.
- Ministerios de ayuda como evangelismo práctico.

"El Señor añadía cada día a la iglesia los que habían de ser salvos." **Hechos 2:47**

Cuando la congregación se mueve en unidad y amor, toda la ciudad puede ser transformada.

7.9 Evangelismo Misionero

"Id, y haced discípulos a todas las naciones." **Mateo 28:19**

El evangelismo misionero rompe fronteras culturales y geográficas. Requiere sacrificio, visión y dependencia total del Espíritu Santo.

El misionero es un embajador del Reino que:

- Cruza culturas.
- Aprende idiomas.
- Vive entre los perdidos.
- Planta iglesias donde no hay testimonio cristiano.

La visión misionera debe nacer en cada creyente, no solo en unos pocos.

7.10 Evangelismo por Servicio y Misericordia

El amor en acción abre corazones cerrados.

Jesús sanaba primero y luego predicaba.

"Así alumbre vuestra luz delante de los hombres, para que vean vuestras buenas obras, y glorifiquen a vuestro Padre que está en los cielos." **Mateo 5:16**

Ejemplos:

- Visitar hospitales y cárceles.
- Alimentar a los necesitados.

EVANGELISMO PERSONAL

- Enseñar a niños y jóvenes.
- Escuchar a los que sufren.

Las buenas obras no salvan, pero demuestran el amor del Salvador.

7.11 Evangelismo Infantil y Juvenil

Evangelizar a los niños es **sembrar eternidad en corazones tiernos.**

Los jóvenes, por su energía y creatividad, son la fuerza misionera más poderosa de la iglesia.

"Instruye al niño en su camino, y aun cuando fuere viejo no se apartará de él." **Proverbios 22:6**

Estrategias:

- Escuelas bíblicas de vacaciones.
- Dramas, música y deportes.
- Ministerios escolares y universitarios.
- Campamentos evangelísticos.

El evangelio no tiene edad; los niños también pueden ser testigos de Cristo.

7.12 Evangelismo a Través del Discipulado

El verdadero evangelismo termina en **seguimiento y multiplicación.**

Cada nuevo creyente debe convertirse en testigo.

"Y lo que has oído de mí ante muchos testigos, esto encarga a hombres fieles que sean idóneos para enseñar también a otros." **2 Timoteo 2:2**

El discipulado transforma decisiones temporales en vidas firmes.

No solo ganamos almas; formamos obreros.

7.13 Reflexión y Aplicación

1. ¿Qué método de evangelismo se adapta mejor a tu personalidad y entorno?
2. ¿Cómo puedes combinar métodos bíblicos con herramientas

modernas?
3. ¿Estás dispuesto a ser flexible para alcanzar más personas?
4. Ora y pide al Espíritu Santo que te guíe al método correcto para cada oportunidad.

Pasajes para Memorizar

- 1 Corintios 9:20-22
- Colosenses 4:5-6
- Mateo 5:16
- Hechos 5:42
- Mateo 24:14

Resumen

Los métodos son muchos, pero el mensaje es uno: **Jesucristo salva.**

El evangelismo no se limita al púlpito; sucede donde hay un creyente lleno del Espíritu Santo.

Cada conversación, publicación, acto de bondad o servicio puede ser una semilla de salvación.

La clave no está en la forma, sino en el fuego.

"El Evangelio es poder de Dios, no por el método que usamos, sino por el Espíritu que lo respalda."

Capítulo 8: Respondiendo a las Preguntas Difíciles

"Estad siempre preparados para presentar defensa con mansedumbre y reverencia ante todo el que os demande razón de la esperanza que hay en vosotros." **1 Pedro 3:15**

8.1 Introducción: La Fe Puede Responder

El evangelismo no es debatir ideas, sino presentar la verdad en amor.

Sin embargo, muchos incrédulos hacen preguntas honestas que merecen respuestas claras.

La apologética cristiana —del griego *apología*, que significa "defensa" - no es un ataque, sino una **explicación razonada de la fe**

El objetivo no es ganar una discusión, sino ganar un alma.

"La blanda respuesta quita la ira; mas la palabra áspera hace subir el furor." **Proverbios 15:1**

Un corazón sabio sabe cuándo hablar, cómo hablar y cuándo callar.

8.2 El Espíritu Santo: Tu Maestro y Defensor

Jesús prometió que el Espíritu Santo nos enseñaría qué decir en el momento oportuno.

"Porque el Espíritu Santo os enseñará en la misma hora lo que debáis decir." **Lucas 12:12**

No necesitamos ser teólogos expertos, sino creyentes sensibles al Espíritu.

Él da sabiduría para responder según la necesidad de cada corazón.

Nunca respondas desde la ira o el orgullo; deja que el Espíritu hable por ti.

8.3 Las Preguntas Más Comunes

A lo largo del ministerio cristiano, hay ciertos temas que surgen con frecuencia.

Veamos algunas de las preguntas más comunes y cómo responderlas con verdad y compasión.

1. "Si Dios es amor, ¿por qué hay tanto sufrimiento?"

El dolor no fue creado por Dios, sino por el pecado del hombre.

Dios nos dio libertad, y el mal es consecuencia del uso incorrecto de esa libertad.

"Por tanto, como el pecado entró en el mundo por un hombre, y por el pecado la muerte, así la muerte pasó a todos los hombres." **Romanos 5:12**

Dios no es indiferente al sufrimiento; Él envió a Su Hijo a sufrir por nosotros.

En la cruz, Jesús tomó nuestro dolor y lo convirtió en esperanza.

Dios no siempre quita el dolor, pero sí promete estar con nosotros en medio de él.

"Aunque ande en valle de sombra de muerte, no temeré mal alguno, porque tú estarás conmigo." **Salmo 23:4**

2. "¿Por qué solo Jesús? ¿No hay otros caminos?"

Jesús mismo respondió esta pregunta:

"Yo soy el camino, y la verdad, y la vida; nadie viene al Padre, sino por mí." **Juan 14:6**

La salvación no es una religión, sino una relación.

Ningún otro fundador religioso murió por tus pecados ni resucitó.

Solo Jesús venció el pecado y la muerte.

Él no excluye a nadie; invita a todos.

3. "¿Cómo puedo creer en algo que no veo?"

La fe no niega la razón; la trasciende.

Creemos en muchas cosas que no vemos; el aire, el amor, la electricidad porque experimentamos sus efectos.

"Es, pues, la fe la certeza de lo que se espera, la convicción de lo que no se ve." **Hebreos 11:1**

Dios se revela de muchas maneras: a través de la creación, la conciencia, la Palabra y sobre todo, en Cristo.

El que busca sinceramente, encontrará la verdad.

4. "¿Por qué hay tanta hipocresía en la iglesia?"

La iglesia está compuesta por personas imperfectas siendo transformadas por un Dios perfecto.

La presencia de hipócritas no invalida la verdad del Evangelio.

Jesús mismo confrontó la hipocresía religiosa, pero nunca abandonó Su misión.

"El trigo y la cizaña crecen juntos hasta la siega." **Mateo 13:30**

La fe debe estar puesta en Cristo, no en los hombres.

Dios sigue obrando, a pesar de nuestras fallas.

5. "¿Qué pasa con los que nunca oyeron del evangelio?"

Solo Dios es justo y conoce cada corazón.

Él se revela de muchas maneras y juzga con equidad.

Pero nosotros tenemos la responsabilidad de llevar el mensaje a todos.

"¿Y cómo oirán sin haber quien les predique?" **Romanos 10:14**

Dios nos llama a ser Su voz, no Sus jueces.

6. "¿Por qué hay tantas religiones?"

El hombre busca a Dios de muchas formas, pero solo Dios vino a buscar al hombre en Cristo.

Las religiones son intentos humanos; el Evangelio es iniciativa divina.

"Porque hay un solo Dios, y un solo mediador entre Dios y los hombres, Jesucristo hombre." **1 Timoteo 2:5**

8.4 Claves para Responder con Sabiduría

1. **Escucha antes de responder.**
   El respeto abre puertas que la presión cierra.
2. **Ora mientras hablas.**
   Pide al Espíritu Santo las palabras justas.
3. **Responde con la Biblia.**
   La Palabra tiene autoridad eterna.
4. **Habla con amor, no con superioridad.**

Recuerda que tú también fuiste alcanzado por gracia.
5. **Admite cuando no sabes.**
La humildad da credibilidad.

"El alma del prudente adquiere sabiduría." **Proverbios 18:15**

1. **Invita al oyente a experimentar.**
La fe se prueba viviendo, no solo discutiendo.

8.5 El Poder de la Mansedumbre

Jesús fue firme en la verdad, pero siempre tierno con los buscadores sinceros.

La mansedumbre no es debilidad, sino fuerza bajo control.

"Bienaventurados los mansos, porque ellos recibirán la tierra por heredad." **Mateo 5:5**

Una respuesta suave, llena de amor y verdad, puede derribar más muros que mil argumentos.

8.6 Cómo Enfrentar el Rechazo

No todos aceptarán tus respuestas o tu mensaje, y eso está bien.

Aun Jesús fue rechazado.

"El que a vosotros oye, a mí me oye; y el que a vosotros desecha, a mí me desecha." **Lucas 10:16**

El rechazo no es personal; es espiritual.

Siembra con fidelidad, ora con fe y deja los resultados en las manos de Dios.

El amor persistente puede lograr lo que una respuesta brillante no pudo.

8.7 La Apologética como Evangelismo con Amor

Defender la fe no es atacar a quien no cree, sino mostrarle el rostro de Cristo.

El objetivo no es tener razón, sino **reflejar a Jesús.**

"Conviértanse ellos a ti, y tú no te conviertas a ellos." **Jeremías 15:19**

La apologética eficaz combina tres elementos:

- La Verdad de Dios.
- El Amor de Cristo.
- El Poder del Espíritu Santo.

Cuando estos tres se unen, las palabras dejan de ser argumentos y se convierten en **instrumentos de salvación**.

8.8 Reflexión y Aplicación

1. ¿Qué preguntas difíciles has escuchado al compartir tu fe?
2. ¿Cómo puedes responder con más amor y menos debate?
3. ¿Qué promesa bíblica te da seguridad al testificar?
4. Ora para que el Espíritu Santo te llene de sabiduría y mansedumbre al hablar.

Pasajes para Memorizar

- 1 Pedro 3:15
- Lucas 12:12
- Juan 14:6
- Hebreos 11:1
- Proverbios 15:1

Resumen

Responder a las preguntas difíciles es una oportunidad, no una amenaza.

Cada duda puede ser una puerta abierta para presentar a Jesús.

El creyente maduro no se irrita ni teme, sino que confía en la Palabra y en el Espíritu.

El evangelismo eficaz une la verdad con el amor, la razón con la compasión, y la valentía con la mansedumbre.

Porque al final, **no son nuestras respuestas las que convencen, sino el Espíritu Santo que toca el corazón.**

"Porque las armas de nuestra milicia no son carnales, sino poderosas en Dios para la destrucción de fortalezas." **2 Corintios 10:4**

Capítulo 9: Evangelizando a Grupos Específicos

"Haciendo uso de toda oportunidad, porque los días son malos." **Efesios 5:16**

9.1 Introducción: Un Solo Evangelio, Muchos Corazones

El evangelio es el mismo para todos, pero **no todos escuchan de la misma manera.**

Cada grupo tiene experiencias, intereses y necesidades distintas.

El evangelista sabio aprende a **adaptar el enfoque sin alterar el mensaje.**

"Me he hecho a los débiles como débil, para ganar a los débiles; a todos me he hecho de todo, para que de todos modos salve a algunos." **1 Corintios 9:22**

El Espíritu Santo nos guía a comprender a las personas y hablarles en su propio "lenguaje del corazón."

9.2 Evangelizando a los Niños

Jesús mostró un amor especial por los niños.

"Dejad a los niños venir a mí, y no se lo impidáis; porque de los tales es el reino de Dios." **Marcos 10:14**

Principios Clave:

1. **Usa palabras sencillas y ejemplos visuales.**
   Los niños aprenden mejor con historias, colores y acciones.
2. **Predica con alegría.**
   Un evangelio sonriente llega más al corazón infantil que mil palabras solemnes.
3. **Ora con ellos, no solo por ellos.**
   Enséñales a hablar con Dios como con un amigo.
4. **Refuerza con música y dramatización.**
   Las canciones evangelísticas son semillas de fe que duran toda

la vida.

Los niños son terreno fértil; lo que siembras hoy puede florecer por generaciones.

9.3 Evangelizando a los Jóvenes

Los jóvenes buscan propósito, identidad y pertenencia.

Necesitan una fe **auténtica**, no religiosa.

"Ninguno tenga en poco tu juventud; sino sé ejemplo de los creyentes en palabra, conducta, amor, espíritu, fe y pureza." **1 Timoteo 4:12**

Principios Clave:

1. **Sé real.** Los jóvenes detectan la falsedad.
2. **Usa su lenguaje.** No cambies el mensaje, pero sí la manera de comunicarlo.
3. **Conecta con su pasión por la justicia, la música o la creatividad.**
4. **Ofrece comunidad.** Los jóvenes no solo buscan respuestas, sino relaciones.
5. **Muéstrales a un Jesús vivo.** No teóricos, sino transformador.

El avivamiento juvenil ha sido la chispa de muchos movimientos de Dios a lo largo de la historia.

9.4 Evangelizando a las Familias

El plan de Dios siempre ha incluido a las familias.

Cuando una familia es alcanzada, se multiplica el impacto del evangelio.

"Cree en el Señor Jesucristo, y serás salvo, tú y tu casa." **Hechos 16:31**

Estrategias Prácticas:

- Alcanzar al padre como líder espiritual.
- Enseñar principios bíblicos para el matrimonio y la crianza.
- Usar reuniones familiares y cenas evangelísticas.
- Organizar retiros o talleres que fortalezcan la unidad.

Una familia convertida se convierte en una iglesia en miniatura.

9.5 Evangelizando a las Mujeres

Jesús dignificó y valoró a las mujeres en una cultura que las marginaba.

Ellas fueron las primeras en ver la tumba vacía, las primeras en proclamar que Cristo vive.

"Muchas mujeres han hecho el bien, mas tú sobrepasas a todas." **Proverbios 31:29**

Principios:

- Escucha sus luchas con empatía.
- Resalta el amor y la fidelidad de Dios.
- Involúcralas en ministerios de servicio y enseñanza.
- Recuérdales su valor como hijas del Rey.

Evangelizar a una mujer puede significar transformar toda una generación.

9.6 Evangelizando a los Hombres

Los hombres, en general, responden mejor al desafío que a la lástima.

Quieren propósito, responsabilidad y dirección espiritual.

"Esforzaos y cobrad ánimo todos los que esperáis en Jehová." **Salmo 31:24**

Estrategias:

- Enfocar el mensaje en liderazgo, propósito y valentía.
- Usar ejemplos prácticos y desafíos personales.
- Crear grupos de hombres que fomenten la rendición de cuentas.
- Enseñar que la verdadera fortaleza está en depender de Dios.

Los hombres ganados para Cristo se convierten en pilares del hogar y la iglesia.

9.7 Evangelizando a los Ancianos

Los adultos mayores poseen sabiduría y experiencias valiosas, pero también enfrentan soledad y temor ante la muerte.

"Aun en la vejez y las canas, oh Dios, no me desampares." **Salmo 71:18**

Consejos:

- Escucha sus historias con respeto.
- Recuérdales que Dios no ha terminado con ellos.
- Usa himnos y pasajes que les sean familiares.
- Habla de esperanza eterna y descanso en Cristo.

Nunca es tarde para nacer de nuevo; la gracia de Dios no tiene fecha de vencimiento.

9.8 Evangelizando a los Pobres y Necesitados

Jesús fue ungido "para dar buenas nuevas a los pobres" (Lucas 4:18).

El evangelio no solo salva almas, sino que también **restaura dignidad.**

Principios:

- Sirve antes de hablar; el amor prepara el terreno.
- Predica esperanza, no lástima.
- Enfatiza el valor personal y la provisión divina.
- Acompaña la predicación con acciones de ayuda.

Las manos que sirven son una extensión del corazón de Cristo.

9.9 Evangelizando en Contextos Culturales Diversos

El evangelio trasciende idiomas, tradiciones y fronteras.

Cada cultura refleja un aspecto de la imagen de Dios.

"Después de esto miré, y he aquí una gran multitud... de todas naciones y tribus y pueblos y lenguas." **Apocalipsis 7:9**

Consejos para la Sensibilidad Cultural:

1. Aprende y respeta las costumbres locales.
2. Evita juicios innecesarios; enfócate en el mensaje.
3. Usa ejemplos y metáforas culturales para conectar.
4. Presenta a Cristo como la plenitud de toda cultura, no como una imposición extranjera.

El evangelio se encarna en cada pueblo cuando es predicado con respeto y poder del Espíritu.

9.10 Evangelizando a los Encarcelados y Marginados

Jesús no rehusó acercarse a los rechazados de la sociedad.
"Estuve en la cárcel, y vinisteis a mí." **Mateo 25:36**
El evangelismo carcelario y social es una expresión del corazón compasivo del Padre.
Allí donde el mundo ve fracaso, Dios ve redención.
Cada preso es un candidato para la gracia;
cada marginado es un hijo esperando volver a casa.

9.11 Evangelizando a Través de Ministerios Específicos

- **Música y arte:** evangelismo creativo.
- **Deportes:** puntos de conexión natural.
- **Educación:** evangelismo intelectual y moral.
- **Cuidado médico:** evangelismo de compasión.

Cualquier habilidad o profesión puede convertirse en un canal del evangelio cuando se hace "como para el Señor."
"Y todo lo que hacéis, hacedlo de corazón, como para el Señor y no para los hombres." **Colosenses 3:23**

9.12 Reflexión y Aplicación

1. ¿Qué grupo específico sientes que Dios te llama a alcanzar?
2. ¿Qué barreras culturales o personales debes superar para hacerlo?
3. ¿Cómo puedes adaptar tu mensaje sin comprometer la

verdad?
4. Ora para recibir sabiduría y creatividad del Espíritu Santo para evangelizar eficazmente.

Pasajes para Memorizar

- 1 Corintios 9:22
- Marcos 10:14
- Hechos 16:31
- Apocalipsis 7:9
- Lucas 4:18

Resumen

Cada alma tiene una historia diferente, pero todas necesitan al mismo Salvador.

El evangelista eficaz escucha, comprende y ama antes de hablar.

Jesús alcanzó a ricos y pobres, jóvenes y ancianos, hombres y mujeres, judíos y gentiles.

El Espíritu Santo sigue guiando hoy a creyentes dispuestos a cruzar fronteras humanas con el poder del amor divino.

"A todos me he hecho de todo, para que de todos modos salve a algunos." **1 Corintios 9:22**

Capítulo 10: Evangelismo y Seguimiento Espiritual

"Id, y haced discípulos a todas las naciones." **Mateo 28:19**

10.1 Introducción: La Cosecha No Termina en la Conversión

El evangelismo no termina cuando una persona hace la oración de fe; ahí **comienza el verdadero trabajo espiritual.**

Jesús no dijo "vayan y ganen almas", sino "vayan y hagan discípulos."

El seguimiento espiritual es el proceso de cuidar, enseñar y afirmar al nuevo creyente para que crezca firme en su fe.

El alma recién convertida es como un recién nacido: necesita alimento, guía y protección.

"Como niños recién nacidos, desead la leche espiritual no adulterada, para que por ella crezcáis para salvación." **1 Pedro 2:2**

10.2 El Ejemplo de Jesús

Jesús no solo predicó a multitudes; **formó doce discípulos.**

Los instruyó, corrigió, animó y los envió.

Él sabía que la multiplicación no vendría por eventos, sino por **relaciones de discipulado.**

"Y estableció a doce, para que estuviesen con él, y para enviarlos a predicar." **Marcos 3:14**

Su modelo fue cercano, constante y relacional.

El seguimiento espiritual se basa en el mismo principio: *caminar junto a otros hasta que puedan caminar con Dios por sí mismos.*

10.3 La Importancia del Seguimiento Espiritual

Muchos nuevos creyentes se alejan porque no encuentran apoyo después de su conversión.

Un alma ganada pero no cuidada fácilmente se pierde.

"La mies a la verdad es mucha, mas los obreros pocos." **Mateo 9:37**

El seguimiento asegura que:

1. El nuevo creyente entienda su nueva identidad en Cristo.
2. Sea integrado en la comunidad de fe.
3. Desarrolle hábitos espirituales (oración, lectura, congregarse).
4. Sea preparado para servir y testificar.

El seguimiento es el puente entre la **decisión** y la **madurez**.

10.4 Los Pilares del Seguimiento Efectivo

1. Acompañamiento Personal

Camina con el nuevo creyente durante sus primeros pasos.

Escucha, ora y responde con paciencia a sus dudas.

2. Enseñanza Bíblica

"Toda la Escritura es inspirada por Dios, y útil para enseñar, para redargüir, para corregir, para instruir en justicia." **2 Timoteo 3:16**

La Palabra de Dios forma la base del crecimiento espiritual.

3. Integración a la Iglesia

El creyente aislado es vulnerable.

Anímalo a asistir, participar y construir relaciones en su nueva familia espiritual.

4. Mentoreo Espiritual

Asigna líderes maduros que sirvan de ejemplo y guía.

El discipulado no se transmite por clases solamente, sino por **modelos de vida.**

"Sed imitadores de mí, así como yo de Cristo." **1 Corintios 11:1**

10.5 Etapas del Crecimiento Espiritual

1. **Nacimiento Espiritual:** Recibe a Cristo.
2. **Infancia:** Aprende las verdades básicas.
3. **Juventud:** Se fortalece y comienza a servir.
4. **Madurez:** Enseña a otros.

El propósito final del seguimiento es producir **creyentes reproductivos** que a su vez ganen y discipulen a otros.

"Y lo que has oído de mí ante muchos testigos, esto encarga a hombres fieles que sean idóneos para enseñar también a otros." **2 Timoteo 2:2**

10.6 Cuidando al Nuevo Creyente

El nuevo creyente necesita cuatro cosas esenciales:

1. **Alimento Espiritual:** Palabra de Dios.
2. **Compañerismo:** Comunidad de creyentes.
3. **Oración:** Comunicación constante con Dios.
4. **Protección:** Cobertura espiritual y apoyo.

Los ataques del enemigo suelen ser más fuertes en los primeros meses.

El evangelista debe ser también **pastor de corazones.**
"Apacienta mis corderos." **Juan 21:15**

10.7 Cómo Enseñar los Fundamentos de la Fe

Crea lecciones o estudios básicos que incluyan:

1. La salvación por gracia.
2. La seguridad de salvación.
3. El poder del Espíritu Santo.
4. La importancia de la oración y la Biblia.
5. La comunión en la iglesia.
6. La santidad y obediencia.
7. La misión de compartir el evangelio.

"Fundados y firmes en la fe, y sin moveros de la esperanza del evangelio." **Colosenses 1:23**

El crecimiento espiritual requiere estructura, paciencia y constancia.

10.8 Acompañamiento Práctico

El seguimiento espiritual puede incluir:

- Reuniones semanales o estudios pequeños.

- Llamadas o mensajes de ánimo.
- Oración juntos en momentos difíciles.
- Acompañamiento en sus primeros pasos ministeriales.

Nunca subestimes el poder de una llamada o una visita.
Un pequeño gesto puede sostener una fe tambaleante.

10.9 Obstáculos Comunes en el Seguimiento

1. **Falta de tiempo o compromiso de los líderes.**
2. **Enfoque en cantidad, no en calidad.**
3. **Expectativas poco realistas.**
4. **Falta de estructura o materiales.**

Supera estos obstáculos estableciendo un sistema claro de acompañamiento y levantando **mentores multiplicadores.**

10.10 La Meta del Seguimiento: Multiplicación Espiritual

El evangelismo sin seguimiento produce creyentes frágiles;
el seguimiento sin evangelismo produce iglesias cerradas.
Juntos, forman un ciclo de **reproducción espiritual continua.**

"En esto es glorificado mi Padre, en que llevéis mucho fruto, y seáis así mis discípulos." **Juan 15:8**

La meta es una iglesia donde cada creyente gana, discipula y envía.
Así el Reino de Dios se expande de persona en persona, de familia en familia, de nación en nación.

10.11 Reflexión y Aplicación

1. ¿Cómo puedes mejorar el seguimiento en tu ministerio o iglesia?
2. ¿A quién podrías discipular personalmente esta semana?
3. ¿Qué recursos o materiales podrías usar para ayudar a nuevos creyentes?
4. Ora para que el Señor te dé la paciencia y sabiduría para cuidar de Su rebaño.

EVANGELISMO PERSONAL

Pasajes para Memorizar

- Mateo 28:19
- 1 Pedro 2:2
- Marcos 3:14
- 2 Timoteo 2:2
- Juan 15:8

Resumen

El evangelismo gana almas; el seguimiento forma discípulos.

Uno siembra, otro riega, pero Dios da el crecimiento.

La misión no se cumple cuando alguien repite una oración, sino cuando esa persona vive, crece y sirve en Cristo.

El verdadero éxito del evangelismo no se mide en decisiones, sino en **vidas transformadas y multiplicadas.**

"Por tanto, id, y haced discípulos..." — *Mateo 28:19*

Capítulo 11: Proyectos Prácticos de Alcance

"Y serán mis testigos en Jerusalén, en toda Judea, en Samaria, y hasta lo último de la tierra." **Hechos 1:8**

11.1 Introducción: Del Aposento Alto a las Calles

El propósito del entrenamiento evangelístico es **acción**.

El aprendizaje sin aplicación produce información, pero el aprendizaje con obediencia produce **transformación**.

El evangelismo práctico es llevar el mensaje fuera de las paredes del templo hacia las calles, plazas, hogares, escuelas, y comunidades.

Jesús dijo: *"Id"*, no *"Esperad que vengan."*

"Y saliendo, predicaron en todas partes, ayudándoles el Señor y confirmando la palabra con las señales que la seguían." **Marcos 16:20**

11.2 Los Componentes de un Proyecto Evangelístico

Un proyecto de alcance bien planificado incluye cinco etapas esenciales:

1. **Oración y dirección del Espíritu Santo.**
   Todo comienza en la presencia de Dios. Sin oración, no hay poder.
2. **Visión y objetivos claros.**
   Define el propósito: ¿alcanzar jóvenes? ¿familias? ¿una comunidad específica?
3. **Preparación del equipo.**
   Entrena a los participantes en oración, presentación del evangelio y servicio.
4. **Ejecución con excelencia.**
   Hazlo con amor, orden y entusiasmo.
5. **Seguimiento después del evento.**
   Cada nuevo contacto debe recibir cuidado y discipulado.

"Todo lo que hagáis, hacedlo de corazón, como para el Señor." **Colosenses 3:23**

11.3 Tipos de Proyectos Evangelísticos

1. Evangelismo Comunitario

Salir a las calles, parques o mercados con actividades que atraigan a la comunidad:

- Presentaciones musicales y dramas.
- Distribución de alimentos, ropa o folletos.
- Oración en lugares públicos.
- Conversaciones personales y oración por enfermos.

"Id por los caminos y por los vallados, y fuérzalos a entrar, para que se llene mi casa." **Lucas 14:23**

2. Evangelismo Casa por Casa

Método bíblico y eficaz, usado desde los tiempos de la iglesia primitiva.

"Y todos los días, en el templo y por las casas, no cesaban de enseñar y predicar a Jesucristo." **Hechos 5:42**

Sugerencias:

- Ir en parejas, con espíritu de humildad.
- Presentarse con cortesía y respeto.
- Ofrecer oración y dejar literatura evangelística.
- Anotar nombres para seguimiento y discipulado.

3. Evangelismo Infantil

Organiza Escuelas Bíblicas de Vacaciones, festivales de niños o tardes de juegos con mensajes bíblicos.

"Dejad a los niños venir a mí." **Marcos 10:14**

Los niños son receptivos al evangelio y pueden ser los mejores mensajeros para sus familias.

4. Evangelismo Juvenil

Usa música, arte, deportes o redes sociales para alcanzar jóvenes.
Ejemplos:

- Conciertos evangelísticos.
- Torneos deportivos con mensajes cortos.
- Encuentros juveniles y campamentos de impacto.

"Acuérdate de tu Creador en los días de tu juventud." **Eclesiastés 12:1**

5. Evangelismo en Hospitales y Cárceles

Jesús dijo:
"Estuve enfermo, y me visitasteis; en la cárcel, y vinisteis a mí." **Mateo 25:36**

Proyectos de compasión:

- Orar por enfermos.
- Llevar Biblias y palabras de ánimo.
- Cantar o compartir breves mensajes de fe.
- Apoyar programas de reinserción espiritual y social.

La luz brilla más intensamente en los lugares más oscuros.

6. Evangelismo por Servicio

Combina la ayuda humanitaria con el mensaje del evangelio.
Ejemplos:

- Jornadas médicas o cortes de cabello gratuitos.
- Limpieza de espacios públicos.
- Distribución de víveres o agua en emergencias.

"Así alumbre vuestra luz delante de los hombres, para que vean vuestras buenas obras." **Mateo 5:16**

El servicio abre el corazón al mensaje.

7. Evangelismo Digital

Utiliza herramientas tecnológicas para llegar más lejos que nunca. Ideas:

- Crear publicaciones, videos o podcasts con contenido evangelístico.
- Transmitir testimonios y enseñanzas por redes sociales.
- Compartir versículos o mensajes devocionales diarios.

"Y será predicado este evangelio del reino en todo el mundo." **Mateo 24:14**

Cada publicación puede ser una semilla de salvación.

8. Evangelismo en Escuelas y Universidades

Las instituciones educativas son campos misioneros.

Organiza clubes cristianos, charlas sobre valores o eventos culturales con propósito evangelístico.

"Y Daniel propuso en su corazón no contaminarse..." **Daniel 1:8**

Alcanzar estudiantes es invertir en los futuros líderes de la sociedad.

9. Evangelismo en Zonas Rurales o no Alcanzadas

Llevar el evangelio a comunidades olvidadas requiere sacrificio y fe.

- Coordina viajes misioneros.
- Distribuye Biblias y materiales.
- Usa generadores, proyectores o dramas en plazas abiertas.
- Forma grupos de estudio bíblico permanentes.

"¡Cuán hermosos son los pies de los que anuncian la paz, de los que anuncian buenas nuevas!" **Romanos 10:15**

11.4 Formación del Equipo Evangelístico

Todo proyecto necesita un equipo unido y preparado. Recomendaciones:

1. **Orar juntos antes de actuar.**
2. **Designar roles:** líder, intercesores, músicos, comunicadores,

maestros.
3. **Establecer reglas espirituales:** respeto, unidad, santidad y sujeción.
4. **Vestir con modestia y actuar con prudencia.**
5. **Evaluar después del evento:** qué funcionó y qué puede mejorarse.

"Porque somos colaboradores de Dios." **1 Corintios 3:9**

11.5 Preparación Espiritual del Equipo

Antes de salir, el equipo debe:

- Confesar sus pecados y perdonar ofensas.
- Orar juntos buscando dirección.
- Llenarse de la Palabra y del Espíritu.
- Recordar que el enemigo resistirá la obra, pero Dios da la victoria.

"Someteos, pues, a Dios; resistid al diablo, y huirá de vosotros." **Santiago 4:7**

El poder espiritual es más importante que cualquier planificación logística.

11.6 Medición del Impacto

No midas el éxito solo por números.
Observa:

- Las vidas transformadas.
- El testimonio dejado en la comunidad.
- Los nuevos discípulos conectados a la iglesia.
- El crecimiento espiritual del equipo.

"En esto es glorificado mi Padre, en que llevéis mucho fruto." **Juan 15:8**

El impacto más grande es invisible: corazones cambiados y eternidades aseguradas.

11.7 Reflexión y Aplicación

1. ¿Qué tipo de proyecto podrías realizar en tu iglesia o comunidad?
2. ¿Qué recursos ya tienes disponibles?
3. ¿Cómo podrías integrar oración, servicio y predicación?
4. Ora y pide al Espíritu Santo una estrategia específica para tu ciudad.

Pasajes para Memorizar

- Hechos 1:8
- Marcos 16:20
- Mateo 5:16
- Lucas 14:23
- Romanos 10:15

Resumen

El evangelismo práctico convierte la teoría en acción y la pasión en impacto.

Cada creyente es una extensión de Cristo dondequiera que vaya.

La iglesia que sale a servir y testificar se convierte en una iglesia viva, relevante y poderosa.

"Y saliendo, predicaron en todas partes, ayudándoles el Señor." — *Marcos 16:20*

El mundo no necesita más palabras, sino testigos dispuestos a caminar, hablar y amar como Jesús.

Capítulo 12: Avivamiento y la Iglesia Evangelística

"Porque no me avergüenzo del evangelio, porque es poder de Dios para salvación."
Romanos 1:16

12.1 Introducción: El Fuego que No se Apaga

Una iglesia sin evangelismo está viva en apariencia, pero muerta en misión.

El evangelismo es el pulso del avivamiento.

Donde el Espíritu Santo se mueve, las almas son alcanzadas, los corazones son encendidos y la comunidad es transformada.

"Y fueron todos llenos del Espíritu Santo, y hablaban con denuedo la palabra de Dios." **Hechos 4:31**

El avivamiento no es solo emoción o reunión, sino **la manifestación continua de Cristo en Su pueblo.**

Una iglesia avivada no puede quedarse en silencio; arde por compartir las buenas nuevas.

12.2 ¿Qué es el Avivamiento?

El avivamiento es el **retorno del pueblo de Dios a la pasión, pureza y propósito original.**

No se trata solo de milagros, sino de corazones quebrantados que vuelven a amar como Jesús.

"Si se humillare mi pueblo, sobre el cual mi nombre es invocado, y oraren, y buscaren mi rostro, y se convirtieren de sus malos caminos; entonces yo oiré desde los cielos." **2 Crónicas 7:14**

El avivamiento:

- Despierta a los creyentes dormidos.
- Purifica la iglesia.
- Restaura la pasión por las almas.

- Trae salvación y transformación social.

Donde hay fuego del Espíritu, siempre hay **fruto evangelístico**.

12.3 La Relación entre Avivamiento y Evangelismo
El avivamiento sin evangelismo se apaga en la emoción;
el evangelismo sin avivamiento se agota en el esfuerzo.
Ambos se complementan:

- El avivamiento enciende la pasión.
- El evangelismo canaliza esa pasión hacia la acción.

"Porque el Hijo del Hombre vino a buscar y a salvar lo que se había perdido." **Lucas 19:10**

Cuando una iglesia se aviva, no puede dejar de testificar.
El fuego interior se convierte en testimonio exterior.

12.4 Las Marcas de una Iglesia Avivada

1. **Oración ferviente.**
   Cada avivamiento en la historia comenzó con oración.

"Y perseveraban unánimes en oración y ruego." **Hechos 1:14**

1. **Predicación ungida.**
   La Palabra vuelve a ocupar el centro.
   Se predica con convicción, claridad y poder.
2. **Arrepentimiento genuino.**
   El Espíritu convence del pecado y restaura la pureza.
3. **Pasión por las almas.**
   La iglesia deja de ser espectadora y se convierte en misionera.
4. **Unidad del cuerpo.**
   El amor fraternal reemplaza la división.
5. **Manifestación del poder del Espíritu.**
   Sanidades, liberaciones y milagros confirman el mensaje.

Donde hay avivamiento, la atmósfera espiritual cambia y el hambre por Dios se hace contagiosa.

12.5 El Papel del Líder en una Iglesia Evangelística

Los líderes deben modelar una vida encendida por el Espíritu. No pueden guiar al pueblo a donde ellos mismos no han ido.

Funciones del líder avivado:

- Inspirar con visión y ejemplo.
- Movilizar a la congregación en oración y servicio.
- Equipar y enviar evangelistas.
- Guardar la pureza doctrinal y espiritual del ministerio.

"El buen pastor su vida da por las ovejas." **Juan 10:11**

El liderazgo pastoral es el fuego que enciende otras antorchas.

12.6 Creando una Cultura de Evangelismo

El evangelismo no debe ser un evento ocasional, sino **una cultura constante.**

Cómo establecerla:

1. **Predicar constantemente sobre el propósito misionero.**
2. **Formar equipos evangelísticos permanentes.**
3. **Incluir testimonios y resultados en los cultos.**
4. **Reconocer y celebrar a los que ganan almas.**
5. **Involucrar a cada ministerio en el alcance.**

Una iglesia con cultura evangelística vive en modo misión todos los días.

12.7 El Papel de la Oración y la Intercesión

El evangelismo sin oración es como pescar sin red.

Toda cosecha comienza con rodillas dobladas.

"Pedid, y se os dará; buscad, y hallaréis." **Mateo 7:7**

Antes de salir a las calles, hay que conquistar el territorio en el espíritu.

Cada alma ganada en público fue primero ganada en oración privada.

Las cadenas espirituales se rompen en la intercesión.

El avivamiento se sostiene con oración continua, no con eventos aislados.

12.8 La Adoración como Clave para el Avivamiento

Una iglesia evangelística también es una iglesia adoradora.

La adoración prepara el ambiente para la presencia de Dios, y Su presencia atrae a los perdidos.

"Pero la hora viene, y ahora es, cuando los verdaderos adoradores adorarán al Padre en espíritu y en verdad." **Juan 4:23**

La adoración sincera produce corazones sensibles y transforma atmósferas.

El evangelismo sin adoración se vuelve actividad;

la adoración sin evangelismo se vuelve aislamiento.

Ambos deben caminar juntos.

12.9 Obstáculos para el Avivamiento y el Evangelismo

1. **Comodidad espiritual.**
   La iglesia pierde la urgencia por las almas.
2. **Falta de oración.**
   Sin oración, no hay poder.
3. **División o crítica.**
   Rompe la unidad que sostiene el fuego.
4. **Dependencia humana.**
   Sustituir al Espíritu Santo por métodos.
5. **Orgullo religioso.**
   Cuando el enfoque se centra en nosotros en vez de en Cristo.

"Acuérdate, por tanto, de dónde has caído, y arrepiéntete." **Apocalipsis 2:5**

El avivamiento no se pierde por ataques del diablo, sino por descuido del pueblo.

EVANGELISMO PERSONAL

12.10 Cómo Mantener el Fuego del Avivamiento

1. Cultiva una vida diaria de oración.
2. Permanece en la Palabra.
3. Evita la rutina espiritual.
4. Celebra los testimonios de salvación.
5. Involucra a nuevos creyentes en el servicio.
6. Depende totalmente del Espíritu Santo.

El fuego no se conserva encerrado, sino extendiéndolo.

Una iglesia avivada continúa multiplicándose hasta encender toda su ciudad.

"Y el Señor añadía cada día a la iglesia los que habían de ser salvos."
Hechos 2:47

12.11 Avivamiento en la Historia de la Iglesia

Cada gran movimiento evangelístico comenzó con unos pocos que se humillaron y oraron.

- **Pentecostés:** 120 personas en oración se convirtieron en 3,000 almas salvas en un día.
- **El Avivamiento de Gales (1904):** comenzó con un joven llamado Evan Roberts orando, "Señor, doblega a tu iglesia."
- **El Avivamiento de la Calle Azusa (1906):** un grupo humilde en Los Ángeles orando por el Espíritu Santo encendió el movimiento pentecostal mundial.

Dios no necesita multitudes, solo corazones rendidos.

12.12 El Resultado del Avivamiento: Una Iglesia en Misión

Cuando el fuego cae:

- El temor se convierte en fe.
- La apatía se transforma en acción.
- Los creyentes se convierten en testigos.

- La iglesia se vuelve una fuerza imparable.

El avivamiento no se mide por gritos ni emociones, sino por **almas salvas y vidas transformadas**.
"Id, por todo el mundo, y predicad el evangelio a toda criatura."
<u>Marcos 16:15</u>

12.13 Reflexión y Aplicación

1. ¿Qué señales de avivamiento notas (o deseas ver) en tu iglesia?
2. ¿Qué pasos prácticos puedes tomar para encender una cultura evangelística?
3. ¿Cómo podrías integrar la oración, adoración y evangelismo de manera continua?
4. Ora y pide al Espíritu Santo que renueve tu fuego personal por las almas.

Pasajes para Memorizar

- Romanos 1:16
- Hechos 4:31
- 2 Crónicas 7:14
- Juan 4:23
- Hechos 2:47

Resumen

El avivamiento no es un evento; es una atmósfera.

Cuando el Espíritu Santo llena a la iglesia, la evangelización se convierte en un estilo de vida.

Una iglesia avivada predica, sirve, ama y conquista almas con el poder de Dios.

El avivamiento genuino no termina en el altar, sino que continúa en las calles.

Donde hay fuego, hay cosecha.
Donde hay Espíritu, hay salvación.
"No apaguéis al Espíritu." **1 Tesalonicenses 5:19**

Capítulo 13: Qué Decir al Perdido

"El fruto del justo es árbol de vida; y el que gana almas es sabio."
Proverbios 11:30

13.1 Introducción: La Sabiduría del Ganador de Almas

Hablarle a un alma perdida no es un acto mecánico, sino **una misión divina**.

Cada palabra debe ser guiada por el Espíritu Santo.

El propósito no es convencer con argumentos, sino **conducir con amor**.

"Mi palabra... no volverá a mí vacía, sino que hará lo que yo quiero."
Isaías 55:11

El evangelista sabio escucha antes de hablar, ora antes de responder y ama antes de exhortar.

El Espíritu Santo prepara el corazón, tú solo siembras la semilla.

13.2 Preparando el Corazón Antes de Hablar

Antes de abrir tu boca, abre tu corazón.

1. Ora pidiendo dirección.
2. Pide al Señor que te llene de compasión.
3. Recuerda que estás hablando con alguien por quien Cristo murió.
4. Mantén un tono amable, sin condenación.

"Sea vuestra palabra siempre con gracia, sazonada con sal."
Colosenses 4:6

Las palabras correctas en el momento correcto pueden cambiar una eternidad.

13.3 Ejemplos de Conversación Guiada por el Espíritu

A continuación, encontrarás **modelos de diálogo evangelístico** que pueden adaptarse según la situación.

No son fórmulas rígidas, sino ejemplos prácticos.

Escenario 1: Evangelismo Casual (en la calle o en el trabajo)
Evangelista:
- Hola, ¿cómo estás? A veces la vida se siente pesada, ¿verdad?
Persona:
- Sí, especialmente últimamente...
Evangelista:
- Sabes, yo también pasé por momentos difíciles, hasta que encontré una paz real en Jesús.
No hablo de religión, sino de una relación con Él. ¿Has tenido alguna vez una experiencia así?
Persona:
- No realmente...
Evangelista:
- Jesús dijo: "Venid a mí todos los que estáis trabajados y cargados, y yo os haré descansar."
Cuando le entregué mi vida, encontré esperanza y perdón.
¿Te gustaría tener esa paz también?
Persona:
- Sí...
Evangelista:
- Podemos orar juntos. No es una religión, es hablar con Dios. Él te ama y quiere empezar algo nuevo contigo.

Escenario 2: Evangelismo en un Hogar
Evangelista:
- Gracias por recibirme. Vine a compartir una buena noticia: Dios no se ha olvidado de ti ni de tu familia.
Persona:
- Gracias, pero en este tiempo todo está muy difícil...
Evangelista:
- Lo entiendo. Jesús también conoció el dolor. Por eso vino, para llevar nuestras cargas.

"Porque de tal manera amó Dios al mundo, que ha dado a su Hijo unigénito." **Juan 3:16**

Cuando uno abre su corazón a Él, su vida empieza a cambiar desde adentro.

¿Puedo orar por tu familia hoy?

Escenario 3: Evangelismo en un Hospital
Evangelista:
- Buenos días. Sé que estás pasando por un momento difícil, pero quiero decirte que Dios te ama y no te ha abandonado.

Paciente:
- No sé si Dios puede escucharme...

Evangelista:
- *Él te escucha más de lo que imaginas. Aun Jesús sufrió dolor para comprendernos.*

Y promete: *"Nunca te dejaré, ni te desampararé."* **Hebreos 13:5**

¿Te gustaría invitar a Jesús a darte fuerza y paz ahora mismo?

Escenario 4: Evangelismo a un Amigo
Evangelista:
- Amigo, sabes que te aprecio mucho. Quiero hablarte de algo importante que cambió mi vida: mi relación con Jesús.

Amigo:
- Yo creo en Dios, pero no en la iglesia...

Evangelista:
- Entiendo lo que sientes. La iglesia tiene personas imperfectas, pero Jesús nunca falla.

Él no vino a traer religión, sino vida nueva.

"Yo he venido para que tengan vida, y para que la tengan en abundancia." **Juan 10:10**

Él quiere darte propósito y libertad. ¿Puedo contarte cómo lo conocí?

Escenario 5: Evangelismo en la Calle (Encuentro Breve)
Evangelista:

- Disculpa, ¿puedo darte este folleto? Habla de cómo tener paz en tiempos difíciles.

Solo quiero recordarte algo: ¡Jesús te ama más de lo que imaginas!

Persona:
- Gracias...

Evangelista:
- Si alguna vez necesitas orar o hablar con alguien, aquí hay un número de contacto.

Dios tiene un plan hermoso para ti.

"Porque yo sé los pensamientos que tengo acerca de vosotros, dice Jehová." **Jeremías 29:11**

13.4 Cómo Explicar el Evangelio Claramente

El mensaje debe incluir cuatro verdades fundamentales:

1. **Dios te ama.**

"De tal manera amó Dios al mundo..." **Juan 3:16**

1. **El pecado nos separa de Dios.**

"Por cuanto todos pecaron, y están destituidos de la gloria de Dios." **Romanos 3:23**

1. **Jesús pagó el precio por ti.**

"Mas Dios muestra su amor para con nosotros, en que siendo aún pecadores, Cristo murió por nosotros." **Romanos 5:8**

1. **Debes recibirlo personalmente.**

"Si confesares con tu boca que Jesús es el Señor... serás salvo." **Romanos 10:9**

13.5 Cómo Guiar a una Persona en la Oración de Salvación

EVANGELISMO PERSONAL

Puedes decir algo así:
"Señor Jesús, reconozco que soy pecador y que necesito Tu perdón.
Creo que moriste por mí y resucitaste para darme vida nueva.
Hoy abro mi corazón y te recibo como mi Señor y Salvador.
Límpiame, cámbiame, y ayúdame a seguirte.
Gracias por salvarme. En el nombre de Jesús. Amén."
Después de orar, asegúrale que su salvación es real:
"El que cree en el Hijo tiene vida eterna." **Juan 3:36**

13.6 Qué Decir Después de que Acepta a Cristo

1. **Afirma su decisión.**
   "Hoy comenzó una nueva vida para ti."
2. **Entrega una Biblia o folleto.**
   Enséñale a leer el Evangelio de Juan.
3. **Conéctalo con una iglesia local.**
   Ayúdale a crecer rodeado de creyentes.
4. **Ora por fortaleza y protección espiritual.**
5. **Haz seguimiento personal.**
   Llámalo, visítalo, anímalo.

"El que comenzó en vosotros la buena obra, la perfeccionará."
Filipenses 1:6

13.7 Errores Comunes al Hablar con los Perdidos

- **Hablar más de religión que de relación.**
- **Discutir en lugar de amar.**
- **Condenar sin escuchar.**
- **Usar un lenguaje difícil.**
- **Forzar una decisión sin convicción.**

El Espíritu Santo convence, no tú.
Tu papel es sembrar con amor, no presionar con culpa.
"La bondad de Dios te guía al arrepentimiento." **Romanos 2:4**

13.8 Palabras Clave de un Ganador de Almas

- "Jesús te ama."
- "Dios tiene un plan para ti."
- "Él no te ha olvidado."
- "La cruz fue por ti."
- "Hoy puedes comenzar de nuevo."
- "No es tarde para regresar."
- "Cristo cambia vidas."
- "No estás solo."
- "Dios te está llamando."

A veces, una sola frase dicha con unción puede penetrar donde cien sermones no llegan.

13.9 Reflexión y Aplicación

1. ¿Cómo puedes preparar tu corazón para cada oportunidad evangelística?
2. ¿Qué frases o métodos te resultan más naturales al compartir tu fe?
3. ¿Estás dispuesto a dejar que el Espíritu Santo dirija cada conversación?
4. Ora para que tus palabras sean como "manzanas de oro con figuras de plata" (*Proverbios 25:11*).

Pasajes para Memorizar

- Proverbios 11:30
- Isaías 55:11
- Juan 3:16
- Romanos 10:9
- Filipenses 1:6

Resumen
Evangelizar no es recitar un libreto, sino compartir un encuentro.
Cuando hablas desde el corazón, el Espíritu Santo da poder a tus palabras.
Tu voz puede ser el eco del llamado de Dios al alma perdida.
El evangelismo efectivo no depende de elocuencia, sino de **unción y amor.**
A través de una simple conversación, Dios puede escribir una historia eterna.
"El que convierte al pecador del error de su camino salvará de muerte un alma y cubrirá multitud de pecados." — *Santiago 5:20*

Capítulo 14: El Evangelista y el Espíritu Santo

"Mas recibiréis poder, cuando haya venido sobre vosotros el Espíritu Santo, y me seréis testigos." **Hechos 1:8**

14.1 Introducción: El Espíritu Santo, el Gran Evangelista

El Espíritu Santo es el verdadero protagonista de toda obra evangelística.

Él convence, guía, revela y confirma el mensaje del evangelio.

Sin Su presencia, no hay poder; sin Su voz, no hay dirección.

"No con ejército, ni con fuerza, sino con mi Espíritu, ha dicho Jehová de los ejércitos." **Zacarías 4:6**

El evangelista no es más que un instrumento.

El Espíritu Santo es quien toca los corazones y produce vida eterna.

14.2 El Espíritu Santo en la Vida de Jesús

Jesús mismo dependió totalmente del Espíritu Santo durante Su ministerio terrenal.

- Fue **concebido** por el Espíritu (Lucas 1:35).
- **Ungido** por el Espíritu (Lucas 4:18).
- **Guiado** por el Espíritu (Lucas 4:1).
- **Empoderado** por el Espíritu para hacer milagros (Mateo 12:28).
- **Resucitado** por el Espíritu (Romanos 8:11).

Si el Hijo de Dios necesitó al Espíritu Santo, ¿cuánto más nosotros que somos Sus siervos?

14.3 El Espíritu Santo y el Evangelismo Primitivo

Desde Pentecostés, el Espíritu fue el motor de la expansión del Evangelio.

"Y fueron todos llenos del Espíritu Santo... y aquel día se añadieron como tres mil personas." **Hechos 2:4, 41**

Cada milagro, cada conversión, cada avivamiento registrado en Hechos tiene una sola fuente: **el poder del Espíritu Santo.**

Él impulsó a Felipe hacia el etíope (Hechos 8:29), a Pedro hacia Cornelio (Hechos 10:19–20) y a Pablo hacia Europa (Hechos 16:9–10).

El Espíritu no solo llena; **dirige** la misión.

14.4 La Unción del Espíritu Santo

"El Espíritu del Señor está sobre mí, por cuanto me ha ungido." **Lucas 4:18**

La unción no es emoción, sino **habilitación divina para cumplir un propósito.**

El evangelista necesita más que palabras: necesita presencia.

La unción produce:

1. **Convicción:** el mensaje toca el alma.
2. **Revelación:** las palabras penetran el corazón.
3. **Autoridad:** el infierno reconoce la voz del Espíritu.
4. **Confirmación:** los milagros acompañan la predicación.

Cuando el Espíritu unge, lo común se vuelve sobrenatural.

14.5 El Espíritu Santo Como Guía del Evangelista

"El viento sopla de donde quiere... así es todo aquel que es nacido del Espíritu." **Juan 3:8**

El Espíritu Santo guía al evangelista hacia las personas y lugares correctos.

Él organiza encuentros divinos que no están en el calendario humano.

Ejemplo: Felipe fue guiado por el Espíritu para encontrarse con el etíope, y un solo encuentro cambió una nación entera (Hechos 8:26–39).

Nunca subestimes la voz suave del Espíritu; un simple impulso puede abrir una puerta eterna.

14.6 El Espíritu Santo y la Convicción de Pecado

"Y cuando él venga, convencerá al mundo de pecado, de justicia y de juicio." **Juan 16:8**

La convicción no es culpa, es iluminación.

El Espíritu muestra el pecado no para condenar, sino para sanar.

El evangelista no puede cambiar corazones; solo el Espíritu puede hacerlo.

Mientras tú hablas, Él trabaja.

Mientras tú siembras, Él labra el terreno invisible del alma.

14.7 Los Dones del Espíritu en el Evangelismo

El Espíritu no solo da poder, sino también **herramientas espirituales** para el ministerio.

"Pero a cada uno le es dada la manifestación del Espíritu para provecho." **1 Corintios 12:7**

Dones útiles en la obra evangelística:

- **Palabra de sabiduría:** saber qué decir y cómo decirlo.
- **Palabra de ciencia:** discernir la necesidad oculta.
- **Don de fe:** creer por resultados sobrenaturales.
- **Sanidades y milagros:** confirmar el mensaje con poder.
- **Discernimiento de espíritus:** identificar la raíz espiritual de los problemas.
- **Profecía:** traer dirección e inspiración divina.

El Espíritu equipa al evangelista con dones que revelan la realidad de Cristo.

14.8 El Espíritu Santo y la Oración del Evangelista

Un evangelista sin oración es como un soldado sin espada.

La oración en el Espíritu es la fuente de la unción y la claridad.

"Orando en todo tiempo con toda oración y súplica en el Espíritu."
Efesios 6:18
A través de la oración:

- El Espíritu renueva la fuerza.
- Da discernimiento sobre las almas.
- Abre puertas y prepara corazones.
- Llena de valentía y paz.

El evangelista debe ser tanto *guerrero en el campo* como *intercesor en el secreto*.

14.9 El Espíritu Santo y las Señales que Siguen
"Y estas señales seguirán a los que creen." **Marcos 16:17**
Donde el Espíritu Santo se mueve, ocurren cosas que el hombre no puede explicar:

- Sanidades.
- Liberaciones.
- Restauración de familias.
- Convicciones profundas.

Estas señales no glorifican al predicador, sino a Cristo.
Son el "Amén" de Dios al mensaje del evangelio.

14.10 El Fruto del Espíritu en el Evangelista
El carácter del evangelista debe reflejar a Cristo.
El fruto del Espíritu es tan importante como los dones.
"Mas el fruto del Espíritu es amor, gozo, paz, paciencia, benignidad, bondad, fe, mansedumbre, templanza." **Gálatas 5:22–23**
El mundo no solo escucha tus palabras; **observa tu vida.**
El fruto abre puertas donde los dones no bastan.
Un corazón lleno del Espíritu atrae las almas al Salvador.

14.11 El Espíritu Santo en la Decisión Final
En el momento de la conversión, el Espíritu sella al nuevo creyente.

"Fuisteis sellados con el Espíritu Santo de la promesa." **Efesios 1:13**
Él garantiza la salvación y comienza la obra de santificación.
Tu papel es presentar el mensaje; Su papel es asegurar el resultado. Por eso, toda gloria pertenece a Dios.

14.12 Cómo Mantener la Unción del Espíritu

1. **Camina en santidad.**
   El pecado apaga el fuego.

"No contristéis al Espíritu Santo." **Efesios 4:30**

1. **Vive en oración y adoración constante.**
2. **Permanece humilde.**
   La unción se mantiene en vasos quebrantados.
3. **Obedece las pequeñas instrucciones del Espíritu.**
4. **Renueva tu comunión diariamente.**

El secreto del poder continuo está en la relación constante.

14.13 Reflexión y Aplicación

1. ¿Estás dependiendo del Espíritu Santo en cada paso del ministerio?
2. ¿Cómo puedes discernir mejor Su voz en tu evangelismo diario?
3. ¿Qué dones o frutos necesitas cultivar más?
4. Ora para ser un canal puro donde el Espíritu fluya sin obstáculos.

Pasajes para Memorizar

- Hechos 1:8
- Zacarías 4:6
- Lucas 4:18

- Juan 16:8
- Efesios 4:30

Resumen

El evangelista puede tener preparación, pasión y habilidad,
pero solo el Espíritu Santo puede dar **poder, propósito y fruto eterno.**

Él convence, guía, unge, confirma y glorifica a Cristo a través de nosotros.

El éxito espiritual no depende de estrategias, sino de dependencia.

El evangelista eficaz es aquel que se convierte en un vaso lleno y obediente del Espíritu Santo.

"El Espíritu y la esposa dicen: Ven." **Apocalipsis 22:17**

Capítulo 15: Recompensas Eternas del Evangelista

"Los entendidos resplandecerán como el resplandor del firmamento; y los que enseñan la justicia a la multitud, como las estrellas a perpetua eternidad." **Daniel 12:3**

15.1 Introducción: Dios No Olvida

En el Reino de Dios, **nada se pierde, nada se olvida.**

Cada lágrima derramada por un alma, cada oración de intercesión, cada palabra de fe tiene valor eterno.

"Porque Dios no es injusto para olvidar vuestra obra y el trabajo de amor que habéis mostrado hacia su nombre." **Hebreos 6:10**

Los que trabajan en la cosecha no lo hacen por reconocimiento humano, sino por la mirada aprobadora del Maestro.

Y cuando todo termine, Jesús mismo recompensará a Sus siervos fieles.

15.2 La Alegría de Ver Almas Salvadas

La primera recompensa del evangelista no está en el cielo, sino en el **corazón**.

Es el gozo incomparable de ver a alguien pasar de la muerte a la vida.

"De cierto os digo que hay gozo en los cielos por un pecador que se arrepiente." **Lucas 15:7**

Cada conversión es una celebración celestial.

El evangelista participa del gozo del cielo al ver cumplida la misión del Calvario.

Nada en el mundo se compara con ese momento santo cuando una vida dice: *"Sí, Jesús."*

15.3 La Corona de Gozo

"¿Cuál es nuestra esperanza, o gozo, o corona de que me gloríe? ¿No lo sois vosotros, delante de nuestro Señor Jesucristo, en su venida?" **1 Tesalonicenses 2:19**

Pablo describe una recompensa llamada **la corona de gozo**, reservada para quienes ganan almas.

Esta corona representa las vidas que fueron alcanzadas por medio de tu testimonio.

Cada alma salvada se convierte en una joya eterna en tu corona espiritual.

Cuando veas en el cielo a aquellos a quienes guiaste a Cristo, entenderás que valió la pena cada sacrificio.

15.4 Recompensas Eternas Prometidas a los Fieles

1. La Corona de Justicia

"Me está guardada la corona de justicia, la cual me dará el Señor, juez justo, en aquel día." **2 Timoteo 4:8**

Para los que aman y esperan fielmente Su venida.

2. La Corona de Vida

"Sé fiel hasta la muerte, y yo te daré la corona de la vida." **Apocalipsis 2:10**

Para los que perseveran en medio de la prueba y la persecución.

3. La Corona Incorruptible

"Todo aquel que lucha... lo hace para recibir una corona corruptible; pero nosotros, una incorruptible." **1 Corintios 9:25**

Para los que corren con disciplina y fidelidad hasta el fin.

4. La Corona de Gloria

"Y cuando aparezca el Príncipe de los pastores, vosotros recibiréis la corona incorruptible de gloria." **1 Pedro 5:4**

Para los que apacientan y cuidan del rebaño del Señor.

5. La Corona de Gozo

Para los ganadores de almas; los que llevan fruto que permanece (Juan 15:16).

15.5 La Herencia de los que Ganan Almas

EVANGELISMO PERSONAL

El evangelista no solo gana almas; gana herencia.

Cada persona redimida se convierte en un testimonio eterno del poder de Cristo en ti.

"Y los que enseñan la justicia a la multitud, como las estrellas a perpetua eternidad." **Daniel 12:3**

Las estrellas no brillan un día, sino por generaciones.

Así también los que guían a otros al Señor brillarán por los siglos de los siglos.

15.6 La Recompensa de Oír: "Bien, buen siervo fiel"

El mayor premio que puede recibir un siervo de Dios no es oro, ni fama, ni títulos,

sino escuchar la voz de su Maestro diciendo:

"Bien, buen siervo y fiel; sobre poco has sido fiel, sobre mucho te pondré; entra en el gozo de tu Señor." **Mateo 25:21**

Esa frase será el eco eterno de todos los esfuerzos, sacrificios y lágrimas derramadas en la tierra.

Ese será el día de la verdadera recompensa.

15.7 La Gloria de Entregar Cosecha al Maestro

Imagina el día cuando Cristo llame a Sus obreros a rendir cuentas.

El evangelista podrá presentarse con manos llenas; no de obras humanas, sino de **vidas transformadas.**

"He aquí la mies es mucha, mas los obreros pocos." **Mateo 9:37**

Cada alma alcanzada será como una espiga dorada presentada ante el Señor de la cosecha.

El gozo del evangelista será ver multiplicado su esfuerzo en generaciones redimidas.

15.8 Lo Temporal Frente a lo Eterno

El mundo ofrece aplausos momentáneos, pero el cielo ofrece gloria eterna.

Muchos trabajan por lo que perece; el evangelista trabaja por lo que perdura.

"No os hagáis tesoros en la tierra... sino haceos tesoros en el cielo."
Mateo 6:19–20

Cada sacrificio, cada viaje, cada sermón, cada oración será recordado.

Nada hecho para Cristo se pierde.

En la eternidad, los frutos del evangelismo seguirán floreciendo.

15.9 El Gozo Eterno del Evangelista

En el cielo no habrá tristeza, pero sí **niveles de gozo**.

El evangelista tendrá un gozo especial: ver rostros conocidos entre la multitud redimida.

"Y después de esto miré, y he aquí una gran multitud... de toda nación, tribu, pueblo y lengua." **Apocalipsis 7:9**

Allí estarán los que escucharon tu voz, los que recibieron una oración, los que leyeron un folleto, los que fueron tocados por tu testimonio.

Cada uno será una melodía en la sinfonía eterna del cielo.

15.10 La Recompensa de la Gloria Compartida

Jesús dijo:

"Padre, aquellos que me has dado, quiero que donde yo estoy, también ellos estén conmigo, para que vean mi gloria." **Juan 17:24**

El evangelista no solo verá la gloria, sino que **compartirá la gloria de Cristo**.

Servir al Rey en la tierra es privilegio; reinar con Él por la eternidad es la recompensa suprema.

15.11 Reflexión y Aplicación

1. ¿Cuál es tu motivación para ganar almas: la gloria temporal o la eterna?
2. ¿Estás sirviendo fielmente aun cuando nadie lo nota?
3. ¿Qué tipo de corona esperas recibir?
4. Ora para que cada día vivas con la eternidad en mente y el fuego del cielo en tu corazón.

EVANGELISMO PERSONAL

Pasajes para Memorizar

- Daniel 12:3
- Hebreos 6:10
- Lucas 15:7
- 1 Tesalonicenses 2:19
- Mateo 25:21

Resumen

El trabajo evangelístico puede ser agotador, pero su recompensa es eterna.

Dios no olvida una sola alma alcanzada, ni una lágrima derramada por los perdidos.

En el cielo, los evangelistas brillarán como estrellas, y su gozo no tendrá fin.

La verdadera recompensa no es solo una corona, sino **el privilegio de haber cooperado con Cristo en la redención del mundo.**

"Bien, buen siervo y fiel... entra en el gozo de tu Señor." **Mateo 25:21**

Palabras Finales

El llamado a evangelizar no es una sugerencia, es una comisión divina.

Cada creyente, sin importar su edad, trasfondo o posición, ha sido escogido para ser **embajador de Cristo** en un mundo que agoniza en oscuridad.

"Y todo esto proviene de Dios, quien nos reconcilió consigo mismo por Cristo, y nos dio el ministerio de la reconciliación." **2 Corintios 5:18**

El evangelismo no se limita a un púlpito, a un micrófono o a una campaña.

Comienza en el corazón del creyente, en su hogar, en su vecindario, en su trabajo, en cada conversación guiada por el amor de Dios.

Dios no busca voces perfectas, sino corazones dispuestos.

El Espíritu Santo aún llama: *"¿A quién enviaré, y quién irá por nosotros?"*

Y el alma que ha probado la gracia de Dios responde: *"Heme aquí, envíame a mí."*

"Heme aquí, envíame a mí." **Isaías 6:8**

El mundo necesita mensajeros llenos de fuego y compasión, hombres y mujeres que crean que una sola vida vale más que todos los tesoros del mundo.

Que cada palabra de este libro te impulse a ser uno de ellos — un portador del mensaje eterno que cambia destinos y transforma corazones.

Oración del Evangelista

"Señor Jesús,

Gracias por haberme salvado, por haberme encontrado y haberme dado un propósito eterno.

Hoy me rindo a Ti de nuevo.

Lléname con Tu Espíritu Santo hasta rebosar.

Dame un corazón que ame lo que Tú amas: las almas perdidas.

Abre mis ojos para ver las oportunidades a mi alrededor.

Pon en mis labios palabras de vida y en mis manos obras de amor.

Quita todo temor, toda apatía, toda distracción.

Hazme un canal puro, una antorcha encendida en medio de la oscuridad.

Guíame a las personas que necesitan escuchar Tu voz.

Úsame para sanar, para restaurar, para consolar, y sobre todo, para llevar salvación.

Que mi vida sea un testimonio constante de Tu gracia.

Señor, hasta que el último alma sea alcanzada,

hasta que la trompeta suene,

seguiré proclamando que **Jesucristo es el camino, la verdad y la vida.**

En Tu nombre oro,

Amén."

Despedida y Bendición Final

Querido lector,
que este libro no sea solo una lectura, sino un **llamado**.
Que tus rodillas se doblen más,
que tus palabras lleven más poder,
y que tu corazón arda más por los perdidos.
Recuerda: tú no estás solo.
El Espíritu Santo camina contigo, te llena, te fortalece y te capacita.
Donde tú vas, **Dios va**.
Y donde tú hablas en Su nombre, **el cielo respalda tu voz**.
"Y el Señor iba confirmando la palabra con las señales que la seguían."
Marcos 16:20
Que seas conocido en la tierra como un **ganador de almas**,
y conocido en el cielo como un **siervo fiel**.
Levántate cada día con esta oración en tus labios:
"Señor, hazme útil en Tu cosecha hoy."
Y cuando este viaje termine,
que puedas entregar tu corona ante Sus pies y oír las palabras más dulces jamás pronunciadas:
"Bien, buen siervo y fiel... entra en el gozo de tu Señor." **Mateo 25:21**
Bendición Final
"El Señor te bendiga y te guarde;
El Señor haga resplandecer Su rostro sobre ti, y tenga de ti misericordia;
El Señor alce sobre ti Su rostro, y ponga en ti paz."
Números 6:24-26
En el nombre de Jesús,
que el fuego del Espíritu te acompañe dondequiera que vayas,
que tus manos sean instrumentos de salvación,
y que tus palabras sean semillas de vida eterna.
Amén.
Hasta que todos oigan.

Acerca del Autor

Dr. Greg Wood es un ministro, maestro y autor dedicado al equipamiento del Cuerpo de Cristo en el poder del Espíritu Santo.

Con décadas de experiencia en enseñanza bíblica, liderazgo pastoral y misiones, el Dr. Wood ha entrenado a líderes y evangelistas en América Latina, los Estados Unidos y otras naciones.

Su pasión es ver una iglesia encendida por el fuego de Dios, predicando el evangelio con convicción, compasión y poder.

A través de *Ministerios Fuente de Vida* y *Emmanuel TV*, ha proclamado la Palabra a miles, combinando enseñanza sólida con unción y relevancia contemporánea.

Es autor de numerosos libros, incluyendo:

- *El Poder de la Oración*
- *Alabanza y la Adoración*
- *El Llamado del Profeta*
- *Hábitos de Cristianos Efectivos*
- *Descubriendo Tu Identidad y Propósito*
- *El Espíritu Profético en el Ministerio*

El Dr. Wood reside en **Nuevo Padilla, Tamaulipas, México**,

donde también dirige la **Casa Hogar Nuevo Amanecer (New Dawning Children's Home)**

un refugio cristiano para niños abandonados y abusados,

donde cada niño aprende el amor de Jesús que sana el corazón y transforma vidas.

"Porque el amor de Cristo nos constriñe." **2 Corintios 5:14**

El mundo está cambiando, pero el mensaje no.

Cristo sigue salvando, el Espíritu sigue moviéndose, y la Iglesia sigue avanzando.

Que cada creyente que lea estas páginas se convierta en una llama viva,

una voz que clama: *"Jesucristo salva, sana y viene pronto."*

Hasta que el último oiga.
— Dr. Greg Wood

Biografía del Autor – Dr. Greg Wood

El Dr. Greg Wood es un misionero de segunda generación que ha servido en México por más de **50 años**. Hijo de **Vernon D. Wood y Charlotte Wood**, los primeros misioneros enviados por **Kingsway Fellowship International**, continúa con un legado de evangelismo, compasión y dedicación al Evangelio.

Posee un **Doctorado del Shalom Bible College and Seminary** y es el **Fundador y Presidente de Latin American Mission Ministries**, una organización dedicada a la evangelización, la capacitación de líderes y el alcance humanitario en América Latina. El Dr. Wood también funge como **Director del Instituto Teológico Internacional Fuente de Vida**, formando pastores y líderes para un ministerio eficaz, y como **Director de la Casa Hogar Nuevo Amanecer**, donde se brinda cuidado a niños abusados, descuidados y abandonados.

Si desea apoyar a la Casa Hogar o recibir más información sobre el ministerio, puede comunicarse a:

Latin American Mission Ministries
P.O. Box 240
Pharr, Texas 78577

Don't miss out!

Visit the website below and you can sign up to receive emails whenever Dr. Greg Wood publishes a new book. There's no charge and no obligation.

https://books2read.com/r/B-A-GGWME-PYMFI

BOOKS 2 READ

Connecting independent readers to independent writers.

www.ingramcontent.com/pod-product-compliance
Lightning Source LLC
Chambersburg PA
CBHW050653160426
43194CB00010B/1916